Impressum
Verlag: BABADADA GmbH, Nedderfeld 112 , 22529 Hamburg
Geschäftsführer / Verlagsleitung: Harald Hof
Druck: Books on Demand GmbH, In de Tarpen 42, 22848 Norderstedt

Imprint
Publisher: BABADADA GmbH, Nedderfeld 112 , 22529 Hamburg, Germany
Managing Director / Publishing direction: Harald Hof
Print: Books on Demand GmbH, In de Tarpen 42, 22848 Norderstedt

el colegio
ကျောင်း

el aula
စာသင်ခန်း

dividir
စားသည်

186/2

el pizarrón
ဘုတ်ပြား

el patio de la escuela
ကျောင်းဝင်း

el maestro
ဆရာ ဆရာမ

el papel
စာရွက်

escribir
စာရေးသည်

la birome
ဘောပင်

el escritorio
စာရေးစားပွဲခုံ

la regla
ပေတံ

el libro
စာအုပ်

el alumno
သူငယ်အိမ်

la mochila

အဖုံးပါ ဘေးလွယ်အိတ်

la caja de lápices

ခဲတံဘူး

el lápiz

ခဲတံ

el sacapuntas

ချွန်စက်

la goma (de borrar)

ခဲဖျက်

el bloc de dibujo

ပုံဆွဲစာအုပ်

el dibujo
ပုံဆွဲခြင်း

el pincel
ဆေးခြယ်သည့် စုပ်တံ

la caja de pinturas
အရောင်စုံ ပုံး

la tijera
ကပ်ကြေး

el pegamento
ကော်

el cuaderno de ejercicios
လေ့ကျင့်ခန်းစာအုပ်

la tarea
အိမ်စာ

12

el número
နံပါတ်

2+2

sumar
ပေါင်းသည်

5-2

restar
နုတ်သည်

2×2

multiplicar
မြှောက်သည်

calcular
တွက်ပါ

A

la letra
စာ

ABCDEFG
HIJKLMN
OPQRSTU
VWXYZ

el abecedario
အက္ခရာ

hello

la palabra
စကားလုံး

el colegio - ကျောင်း   3

el texto

ဖတ်စာအုပ်

leer

ဖတ်သည်

la tiza

မြေဖြူ

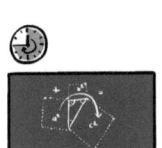

la lección

သခန်းစာ

el cuaderno de clase

ကျောင်းခေါ် ချိန်
မှတ်တမ်းစာအုပ်

el examen

စာမေးပွဲ

el certificado

အထောက်အထားလက်မှတ်

el uniforme escolar

ကျောင်းဝတ်စုံ

la educación

ပညာရေး

la enciclopedia

စွယ်စုံကျမ်း

la universidad

တက္ကသိုလ်

el microscopio

အနုကြည့်မှန်ပြောင်း

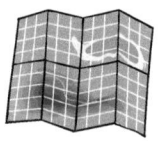

el mapa

မြေပုံ

el tacho (de basura)

အမှိုက်စွန့်ပုံး

4

el colegio - ကျောင်း

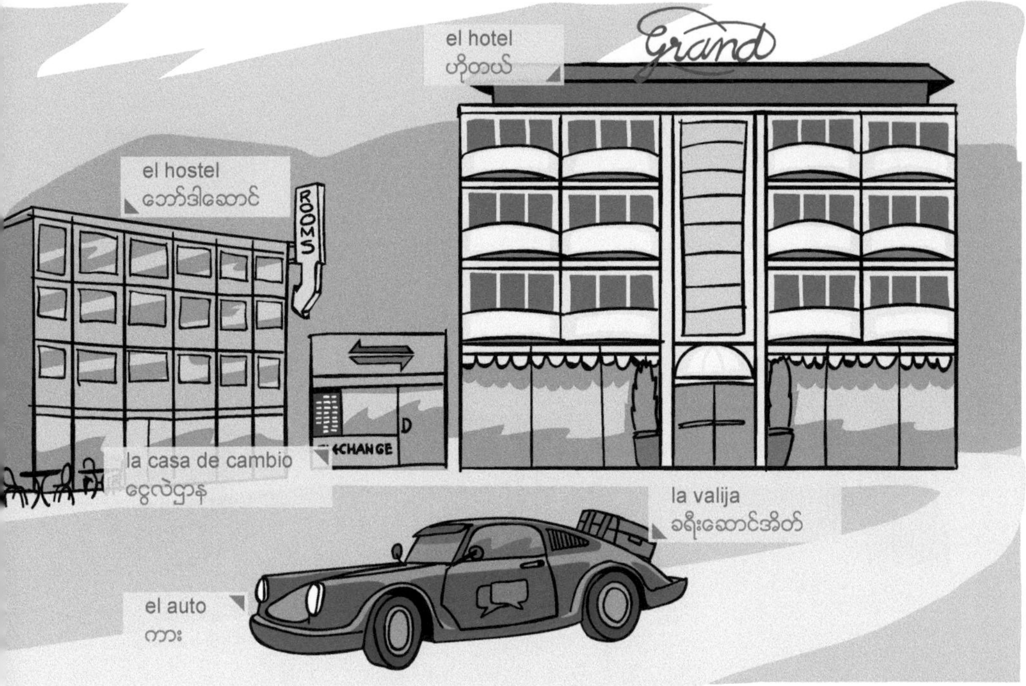

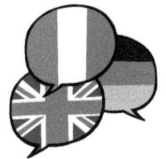

el hotel
ဟိုတယ်
Grand
el hostel
ဘော်ဒါဆောင်
ROOMS
la casa de cambio
ငွေလဲဌာန
la valija
ခရီးဆောင်အိတ်
el auto
ကား

el idioma

ဘာသာစကား

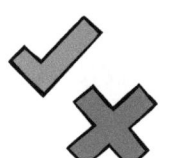

sí / no

မှန် / မှား

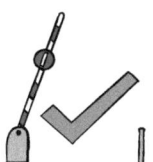

Está bien

အိုကေ

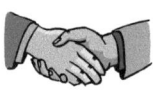

hola

ဟယ်လို

el traductor

ဘာသာပြန်

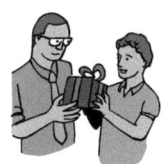

Gracias

ကျေးဇူးတင်ပါတယ်

¿cuánto cuesta…?

......က ဘယ်လောက်လဲ။

No entiendo

ကျွန်ုပ် နားမလည်ဘူး

el problema

ပြဿနာ

¡Buenas tardes!

မင်္ဂလာ ညနေခင်းပါ။

¡Buenos días!

မင်္ဂလာ နံနက်ခင်းပါ။

¡Buenas noches!

မင်္ဂလာ ညပါ။

el adiós

ဘိုင်းဘိုင်

la dirección

ဦးတည်ရာ

el equipaje

ခရီးဆောင်သေတ္တာ

el bolso

အိတ်

la mochila

ကျောပိုးအိတ်

el invitado

ဧည့်သည်

la habitación

အခန်း

la bolsa de dormir

တစ်ကိုယ်စာအိပ်ယာလိပ်

la carpa

ရွက်ထည်တဲ

6

el viaje - ခရီးသွားသည်

la información turística

ခရီးသွားဧည့်သည်အတွက်
သတင်းအချက်အလက်

la playa

ကမ်းခြေ

la tarjeta de crédito

အကြွေးဝယ်ကတ်

el desayuno

နံနက်စာ

el almuerzo

နေ့လည်စာ

la cena

ညစာ

el pasaje

လက်မှတ်

el ascensor

ဓာတ်လှေကား

el sello

တံဆိပ်ခေါင်း

la frontera

နယ်စပ်

la aduana

အခွန်များ

la embajada

သံရုံး

la visa

ဗီဇာ

el pasaporte

နိုင်ငံကူးလက်မှတ်

el viaje - ခရီးသွားသည်

el transporte
သယ်ယူပို့ဆောင်ရေး

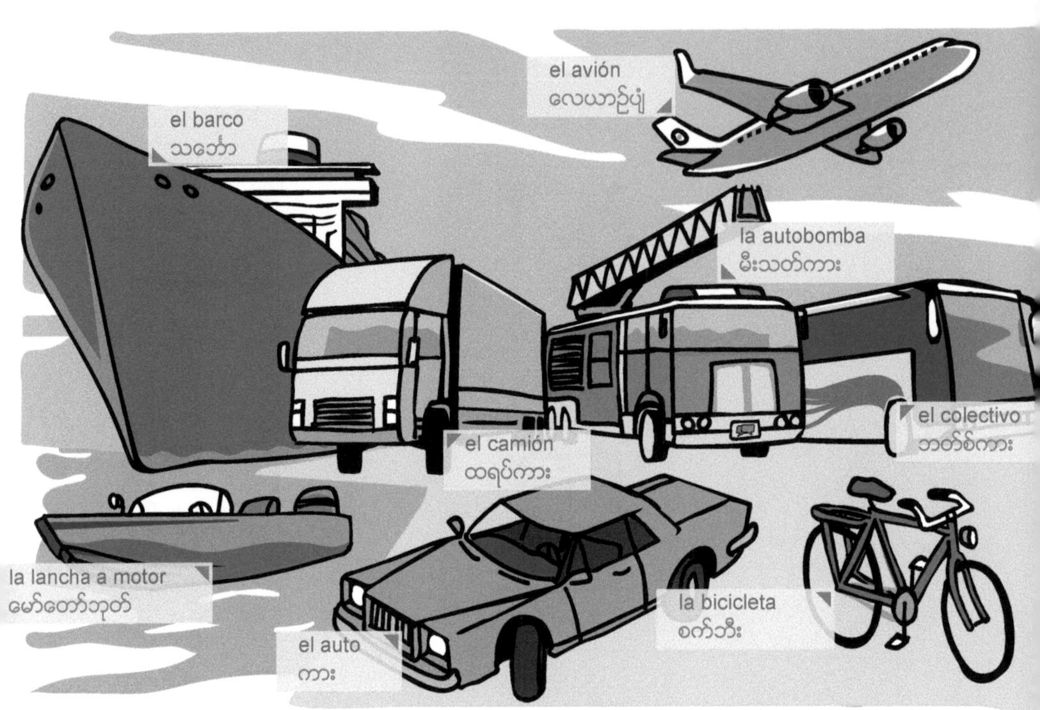

el avión
လေယာဉ်ပျံ

el barco
သင်္ဘော

la autobomba
မီးသတ်ကား

el colectivo
ဘတ်စ်ကား

el camión
ထရပ်ကား

la lancha a motor
မော်တော်ဘုတ်

la bicicleta
စက်ဘီး

el auto
ကား

el ferry
ဖယ်ရီသင်္ဘော

el bote
လှေ

la moto
မော်တော်ဆိုင်ကယ်

el patrullero
ရဲကား

el auto de carreras
ပြိုင်ကား

el auto de alquiler
စင်းလုံးငှားကား

el alquiler de autos	la grúa	el camión de la basura
ကားဝေမျှသုံးစွဲခြင်း	ပျက်နေသော ထရပ်ကား	အမှိုက်သယ်ယာဉ်
	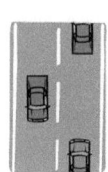	
el motor	la nafta	la estación de servicio
မော်တာ	လောင်စာ	ဓာတ်ဆီဆိုင်

la señal de tránsito	el tránsito	el embotellamiento
လမ်းကြောပြ ဆိုင်းဘုတ်	ယာဉ်အသွားအလာ	လမ်းကြောပိတ်ဆို့မှု
	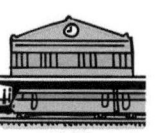	
el estacionamiento	la estación de tren	las vías
ကားရပ်နားရာနေရာ	ရထားဘူတာရုံ	လမ်းကြောင်းများ
	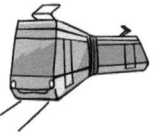	
el tren	el tranvía	el vagón
ရထား	ဓာတ်ရထား	ရထားလုံး

el helicóptero

ဟယ်လီကော်ပီတာ

el aeropuerto

လေဆိပ်

la torre

တာဝါ

el pasajero

ခရီးသည်

el contenedor

ထည့်စရာပုံး

la caja de cartón

ကတ်ထူပုံး

la carretilla

လှည်း

la canasta

ခြင်း

despegar / aterrizar

ထွက်ခွာ / ဆိုက်ရောက်

la ciudad

မြို့တော်

el pueblo

ကျေးရွာ

el centro de la ciudad

မြို့လယ်ခေါင်

la casa

အိမ်

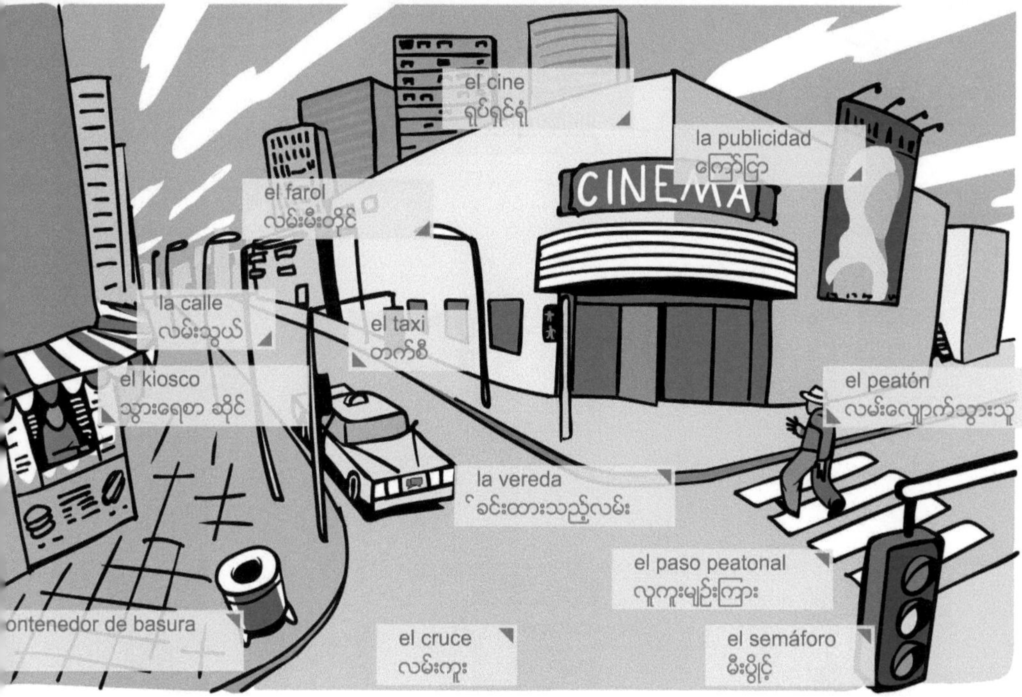

el cine
ရုပ်ရှင်ရုံ

la publicidad
ကြော်ငြာ

el farol
လမ်းမီးတိုင်

CINEMA

la calle
လမ်းသွယ်

el taxi
တက်စီ

el peatón
လမ်းလျှောက်သွားသူ

el kiosco
သွားရေစာ ဆိုင်

la vereda
ခင်းထားသည့်လမ်း

el paso peatonal
လူကူးမျဉ်းကြား

ontenedor de basura

el cruce
လမ်းကူး

el semáforo
မီးပွိုင့်

la cabaña
တဲအိမ်

el departamento
နေအိမ်ခန်း

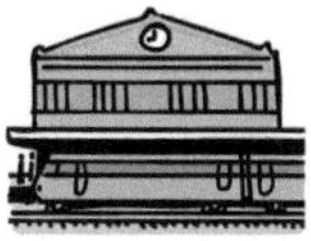

la estación de tren
ရထားဘူတာရုံ

la municipalidad
မြို့တော်ခန်းမ

el museo
ပြတိုက်

el colegio
ကျောင်း

la ciudad - မြို့တော်

11

la universidad

တက္ကသိုလ်

el banco

ဘဏ်

el hospital

ဆေးရုံ

el hotel

ဟိုတယ်

la farmacia

ဆေးဆိုင်

la oficina

ရုံးခန်း

la librería

စာအုပ်ဆိုင်

el negocio

ဆိုင်

la florería

ပန်းရောင်းသူ၏

el supermercado

စူပါမားကတ်

el mercado

ဈေး

las grandes tiendas

ပစ္စည်းမျိုးစုံရောင်းသည့် စတိုးဆိုင်ကြီး

la pescadería

ငါးရောင်းသူ၏

el centro comercial

ဈေးဝယ်စင်တာ

el puerto

သင်္ဘောဆိပ်

el parque

အနားယူပန်းခြံ

el banco

ထိုင်ခုံတန်း

el puente

တံတား

las escaleras

လှေကားထစ်များ

el subte

မြေအောက်

el túnel

ဥမင်လိုဏ်ခေါင်း

la parada del colectivo

ဘတ်စ်ကားမှတ်တိုင်

el bar

ဘား

el restaurante

စားသောက်ဆိုင်

el buzón

စာတိုက်သေတ္တာ

el letrero

လမ်းဆိုင်းဘုတ်

el parquímetro

ကားရပ်နားခ ကောက်ခံသည့် မီတာ

el zoológico

တိရိစ္ဆာန်ရုံ

la pileta

ရေကူးကန်

la mezquita

ဗလီ

la granja
လယ်ယာ

la contaminación
ညစ်ညမ်းမှု

el cementerio
သချိုင်းကုန်း

la iglesia
ဘုရားရှိခိုးကျောင်း

los juegos infantiles
ကစားကွင်း

el templo
ဘုရားကျောင်း

el paisaje
ရှုခင်း

la hoja
သစ်ရွက်

el poste indicador
ဆိုင်းဘုတ်

el camino
လမ်း

la pradera
မြက်ခင်း

la piedra
ကျောက်တုံး

el excursionista
တောင်တက်သမား

el río
မြစ်

el árbol
သစ်ပင်

la hierba
မြက်

la flor
ပန်း

el valle	la montaña	el lago
တောင်ကြား	တောင်ကုန်း	ရေကန်
	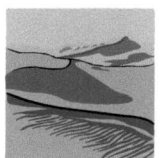	
el bosque	el desierto	el volcán
သစ်တော	သဲကန္တာရ	မီးတောင်

el castillo	el arco iris	el champiñón
ရဲတိုက်	သက်တန့်	မှို

la palmera	el mosquito	la mosca
ထန်းပင်	ခြင်	ယဉ်သန်းသည်

la hormiga	la abeja	la araña
ပုရွက်ဆိတ်	ပျား	ပင့်ကူ

el escarabajo

ပိုးတောင်မာ

la rana

ဖား

la ardilla

ရှဉ့်

el erizo

ဖြူကောင်

la liebre

ယုန်

la lechuza

ဇီးကွက်

el pájaro

ငှက်

el cisne

ငန်း

el jabalí

တောဝက်

el ciervo

သမင်

el alce

ချိုပြားဒရယ်

la presa

ဆည်

el aerogenerador

လေအားသုံး
လျှပ်စစ်ဓာတ်အားပေးစက်

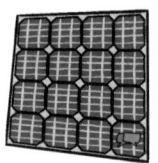

el panel solar

နေရောင်ခြည်ခံပြား

el clima

ရာသီဥတု

el restaurante
စားသောက်ဆိုင်

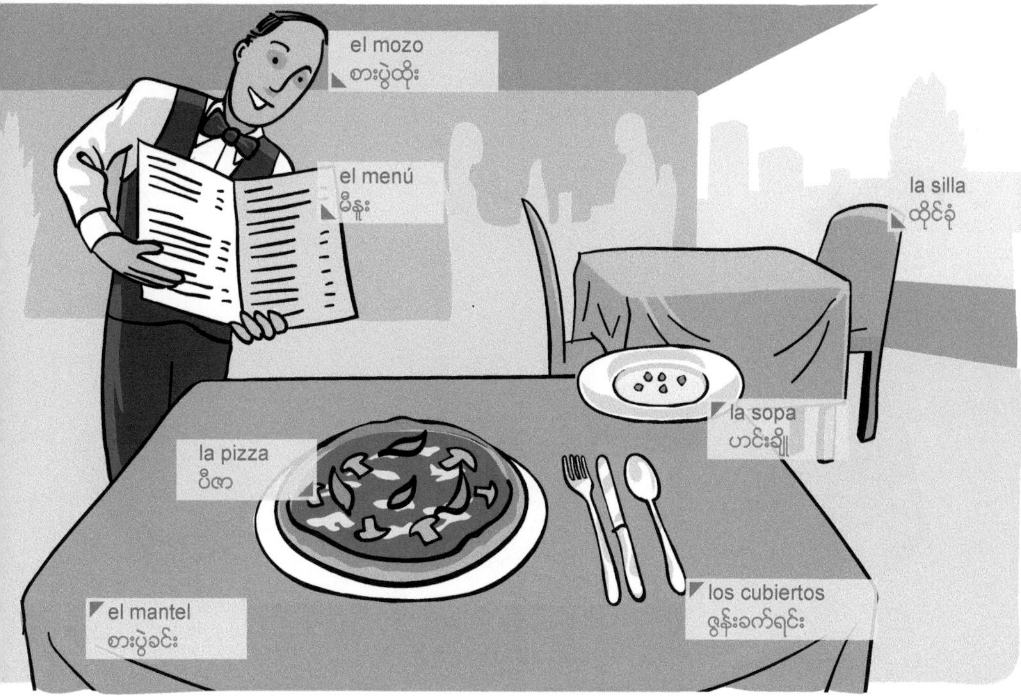

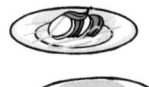

el mozo
စားပွဲထိုး
el menú
မီနူး
la silla
ထိုင်ခုံ
la sopa
ဟင်းချို
la pizza
ပီဇာ
los cubiertos
ဇွန်းခက်ရင်း
el mantel
စားပွဲခင်း

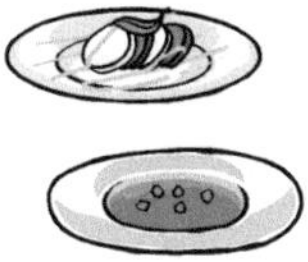

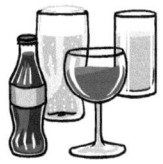

la entrada

ပထမဆုံး စားသည့် အစာ

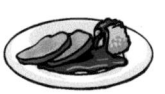

el plato principal

ပင်မ အစာ

el postre

အချိုပွဲ

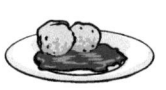

las bebidas

သောက်စရာများ

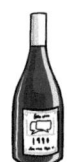

la comida

အစားအစာ

la botella

ပုလင်း

la comida rápida

အသင့်ပြင်ပြီးသား အစားအစာ

la comida callejera

လမ်းဘေးအစားအစာ

la tetera

လက်ဖက်ရည်အိုး သို့မဟုတ်
ရေနွေးကြမ်းအိုး

la azucarera

သကြားအိုး

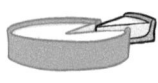

la porción

တစ်ယောက်စာ

la cafetera expreso

အက်စက်ပရက်ဆို ကော်ဖီစက်

la sillita alta

ထိုင်ခုံအမြင့်

la cuenta

ငွေတောင်းခံလွှာ

la bandeja

ပန်း

el cuchillo

ဓါး

el tenedor

ခက်ရင်း

la cuchara

ဇွန်း

la cucharita

လက်ဖက်ရည်ဇွန်း

la servilleta

လက်သုတ်ပုဝါ

el vaso

ရေသောက်ဖန်ခွက်

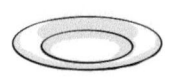

el plato

ပန်းကန်ပြား

el plato hondo

ဟင်းချိုပန်းကန်ပြား

el plato

ပန်းကန်ပြား

la salsa

ဆော့စ်

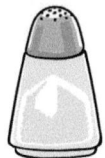

el salero

ဆားအိုး

el molinillo de pimienta

ငရုတ်ကောင်း ချေစက်

el vinagre

ရှာလကာရည်

el aceite

ဆီ

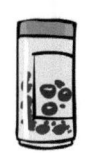

las especias

ဟင်းခတ်အမွှေးအကြိုင်

el kétchup

ခရမ်းချဉ်သီးဆော့စ်

la mostaza

မုန်ညင်းဆီဆော့စ်

la mayonesa

မယွိုးနိစ်

el supermercado
စူပါမားကတ်

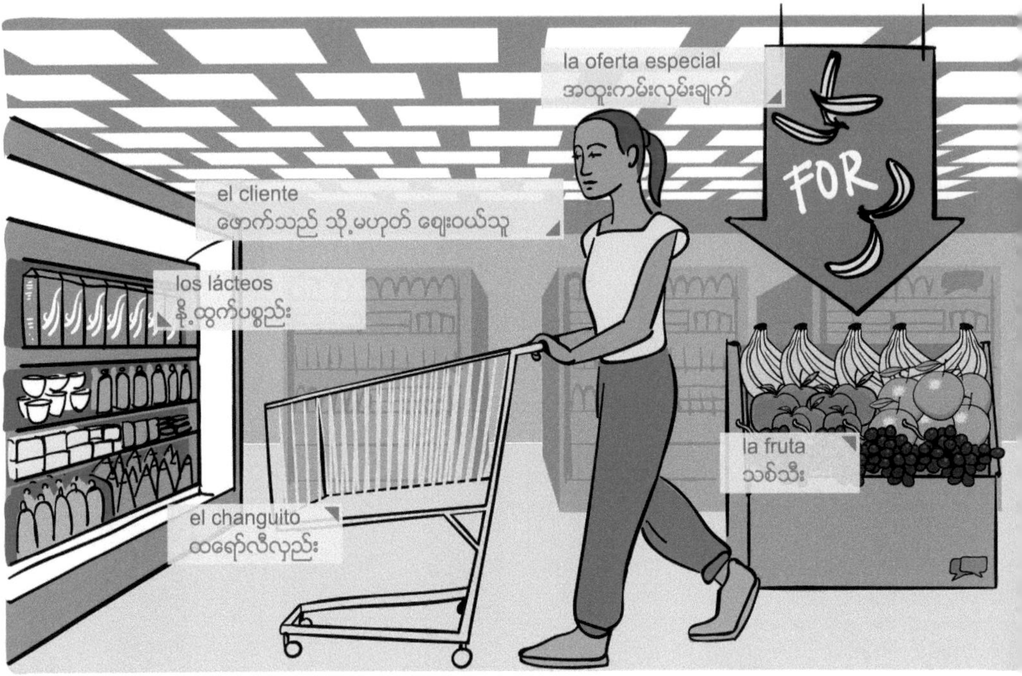

la oferta especial
အထူးကမ်းလှမ်းချက်
FOR
el cliente
ဖောက်သည် သို့မဟုတ် ဈေးဝယ်သူ
los lácteos
နို့ထွက်ပစ္စည်း
la fruta
သစ်သီး
el changuito
ထရော်လီလှည်း

BUTCHERS

la carnicería

သားသတ်သမား၏

BAKERY

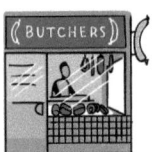

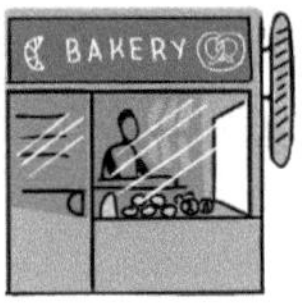

la panadería

မုန့်ဖုတ်သမား၏

pesar

အလေးချိန်သည်

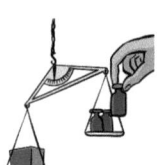

las verduras

ဟင်းသီးဟင်းရွက်

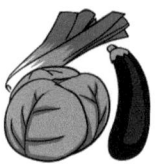

la carne

အသား

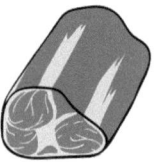

los alimentos congelados

အေးခဲထားသည့် အစားအစာ

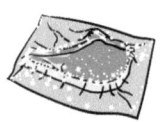

los fiambres

ပြင်ဆင်ထားသော အသားအေး

los alimentos enlatados

သံဗူးသွပ် အစားအစာ

el detergente en polvo

ဆပ်ပြာမှုန့်

las golosinas

သကြားလုံးများ

los electrodomésticos

အိမ်သုံး ပစ္စည်းများ

los productos de limpieza

သန့်ရှင်းရေး ပစ္စည်းများ

la vendedora

ဈေးရောင်းသူ

la caja

အထိ

el cajero

ငွေကိုင်

la lista de compras

ဈေးဝယ်စာရင်း

el horario de atención

ဖွင့်ချိန်နာရီများ

la billetera

အိတ်ဆောင် ပိုက်ဆံအိတ်

la tarjeta de crédito

အကြွေးဝယ်ကတ်

la cartera

အိတ်

la bolsa de plástico

ပလတ်စတစ်အိတ်

las bebidas
သောက်စရာများ

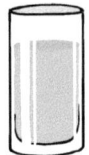

el agua

ရေ

el jugo

သစ်သီးဖျော်ရည်

la leche

နွားနို့

la bebida cola

ကိုကာကိုလာ

el vino

ဝိုင်

la cerveza

ဘီယာ

el alcohol

အရက်

el cacao

ကိုကိုးမှုန့်

el té

လက်ဖက်ရည် သို့ မဟုတ်
ရေနွေးကြမ်း

el café

ကော်ဖီ

el café expreso

အက်စ်ပရက်ဆို ကော်ဖီ

el cappuccino

ကပူချီနိုကော်ဖီ

la banana
ငှက်ပျောသီး

la manzana
ပန်းသီး

la naranja
လိမ္မော်သီး

el melón
ဖရဲသီးမျိုးဝင်

el limón
သံပုရာသီး

la zanahoria
မုန်လာဥနီ

el ajo
ကြက်သွန်ဖြူ

el bambú
မျှစ်

la cebolla
ကြက်သွန်နီ

el champiñón
မှို

las nueces
ပဲစေ့များ

los fideos
ခေါက်ဆွဲ

los tallarines
စပါဂတီ ခေါ် အီတလီ ခေါက်ဆွဲ

el arroz
ထမင်း

la ensalada
ဆလပ်ရွက်သုတ်

las papas fritas
အကြွပ်ကြော်များ

las papas fritas
အာလူးကြော်

la pizza
ပီဇာ

la hamburguesa
ဟမ်ဘာဂါ

el sándwich
အသားညှပ်ပေါင်မုန့်

el churrasco
ကတ်တလိပ်

el jamón
ဝက်ပေါင်ခြောက်

el salame
ဆလာမီ

la salchicha
ဝက်အူချောင်း

el pollo
ကြက်သား

el asado
ရို့စ်လုပ်ခြင်း

el pescado
ငါး

24   la comida - အစားအစာ

los copos de avena

ကွ်ကာအုတ်

el muesli

မျိုးစလီ

los copos de maíz

ပြောင်းစေ့ပြား

la harina

ဂျုံမှုန့်

la medialuna

ခရာဆွန်း ခေါ်
ပြင်သစ်ပေါင်မုန့်တစ်မျိုး

el pancito

ပေါင်မုန့်လိပ်

el pan

ပေါင်မုန့်

la tostada

ပေါင်မုန့်မီးကင်

las galletitas

ဘီစကစ်

la manteca

ထောပတ်

la cuajada

ဒိန်ခဲ

la torta

ကိတ်မုန့်

el huevo

ဥ

el huevo frito

ဥကြော်

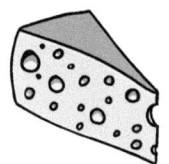

el queso

ချိစ်

el helado

ရေခဲမုန့်

el azúcar

သကြား

la miel

ပျားရည်

la mermelada

ယို

la pasta de chocolate

ယိုသုတ်စားသည့် ချောကလက်

el curry

ဟင်း

la granja
လယ်ယာ

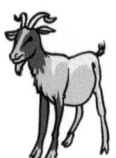

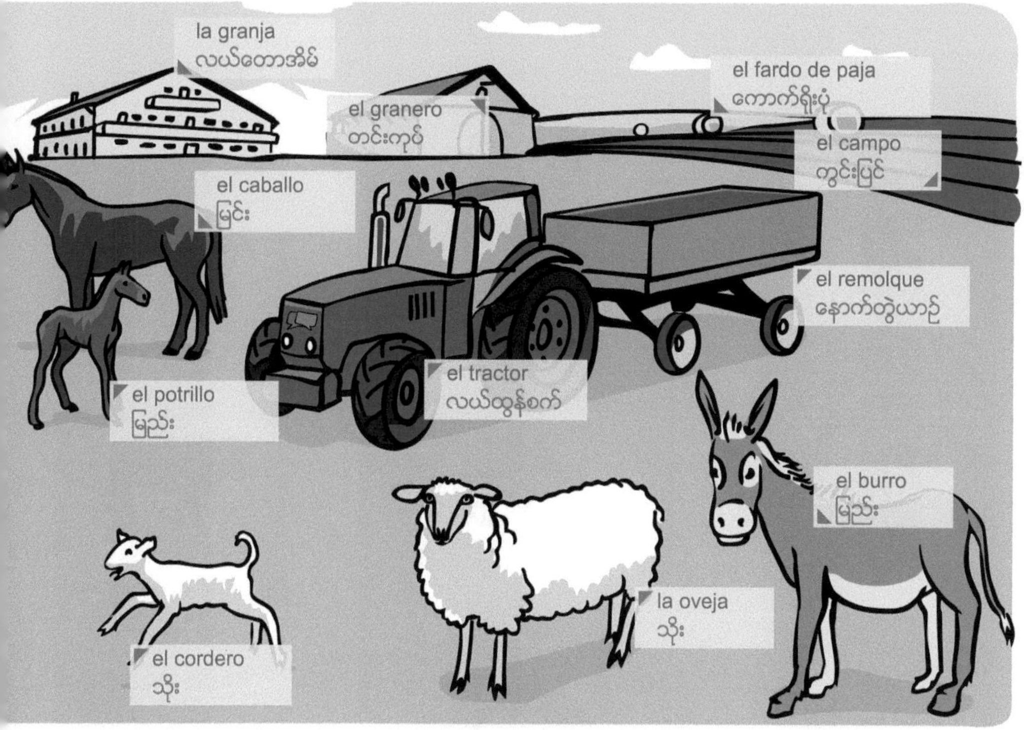
la granja
လယ်တောအိမ်
el granero
တင်းကုပ်
el fardo de paja
ကောက်ရိုးပုံ
el campo
ကွင်းပြင်
el caballo
မြင်း
el remolque
နောက်တွဲယာဉ်
el tractor
လယ်ထွန်စက်
el potrillo
မြည်း
el burro
မြည်း
la oveja
သိုး
el cordero
သိုး

la cabra
ဆိတ်

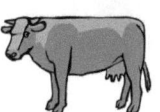

la vaca
နွားမ

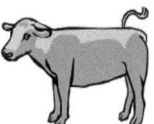

el ternero
နွားလေး

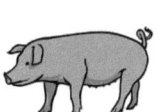

el cerdo
ဝက်

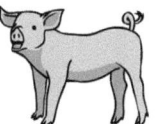

el lechón
ဝက်ကလေး

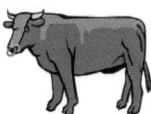

el toro
နွားထီး

el ganso
ဘဲငန်း

el pato
ဘဲ

el pollo
ကြက်ပေါက်ကလေး

la gallina
ကြက်မ

el gallo
ကြက်ဖ

la rata
ကြက်

el gato
ကြောင်

el ratón
ကြွက်ကလေး

el buey
နွားထီး

el perro
ခွေး

la cucha
ခွေးအိမ်

la manguera
ပန်းခြံရေပိုက်

la regadera
ရေလောင်းသည့်ခွက်

la guadaña
တံစဉ်အပြားကြီး

el arado
ထယ်

la granja - လယ်ယာ

la hoz

တံစဉ့်

la azada

ပေါက်ပြား

la horquilla

ကောက်ဆွ

el hacha

ပေါက်ချွန်း

la carretilla

ဘီးတပ် လက်တွန်းလှည်း

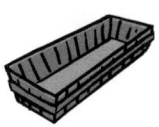

el abrevadero

စားခွက်

la lechera

နို့ဗူး

la bolsa

အိတ်

la reja

ခြံစည်းရိုး

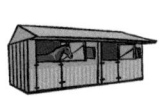

el establo

မြင်းဇောင်း

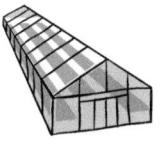

el invernadero

မှန်လုံအိမ်

el suelo

မြေကြီး

la semilla

အစေ့

el fertilizador

မြေသြဇာ

la cosechadora

စုပေါင်း ရိတ်သိမ်းသူ

la granja - လယ်ယာ

cosechar

ရိတ်သိမ်းသည်

la cosecha

ရိတ်သိမ်းသည်

las batatas

ပီလောပီနံ

el trigo

ဂျုံ

la soja

ပဲပုပ်

la papa

အာလူး

el maíz

ပြောင်း

la semilla de colza

နံစားပြောင်းဆီ

el árbol frutal

အသီးပင်

la mandioca

ပီလောပီနံ

los cereales

စီရီရယ် ခေါ် နံနက်စာတစ်မျိုး

la granja - လယ်ယာ

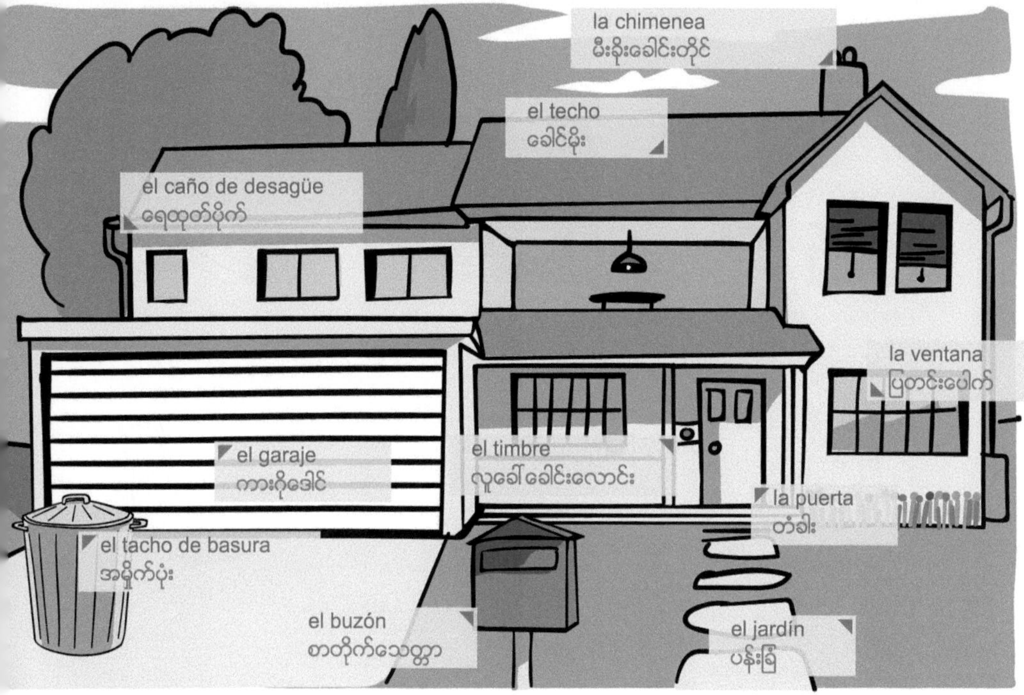

la chimenea
မီးခိုးခေါင်းတိုင်

el techo
ခေါင်မိုး

el caño de desagüe
ရေထုတ်ပိုက်

la ventana
ပြတင်းပေါက်

el garaje
ကားဂိုဒေါင်

el timbre
လူခေါ် ခေါင်းလောင်း

la puerta
တံခါး

el tacho de basura
အမိုက်ပုံး

el buzón
စာတိုက်သေတ္တာ

el jardín
ပန်းခြံ

el living
ဧည့်ခန်း

el baño
ရေချိုးခန်း

la cocina
မီးဖိုချောင်

el dormitorio
အိပ်ခန်း

el cuarto de los chicos
ကလေး အခန်း

el comedor
ထမင်းစားခန်း

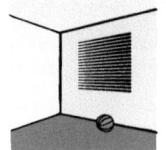

el piso

ကြမ်းပြင်

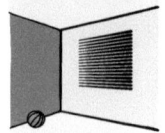

la pared

နံရံ

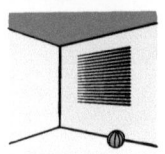

el cielorraso

မျက်နှာကြက်

el sótano

မြေအောက်ခန်း

el sauna

ချွေးထုတ်ခန်း

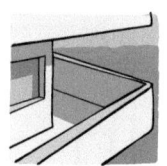

el balcón

ဝရန်တာ

la terraza

ဝရန်တာ

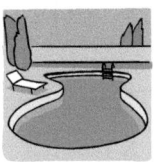

la pileta

ရေကူးကန်

la cortadora de pasto

မြက်ရိတ်စက်

la sábana

အခင်း

el acolchado

အိပ်ယာခင်း

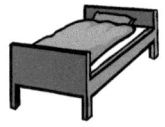

la cama

အိပ်ယာ

la escoba

တံမြက်စည်း

el balde

ရေပုံး

el interruptor

မီးခလုတ်

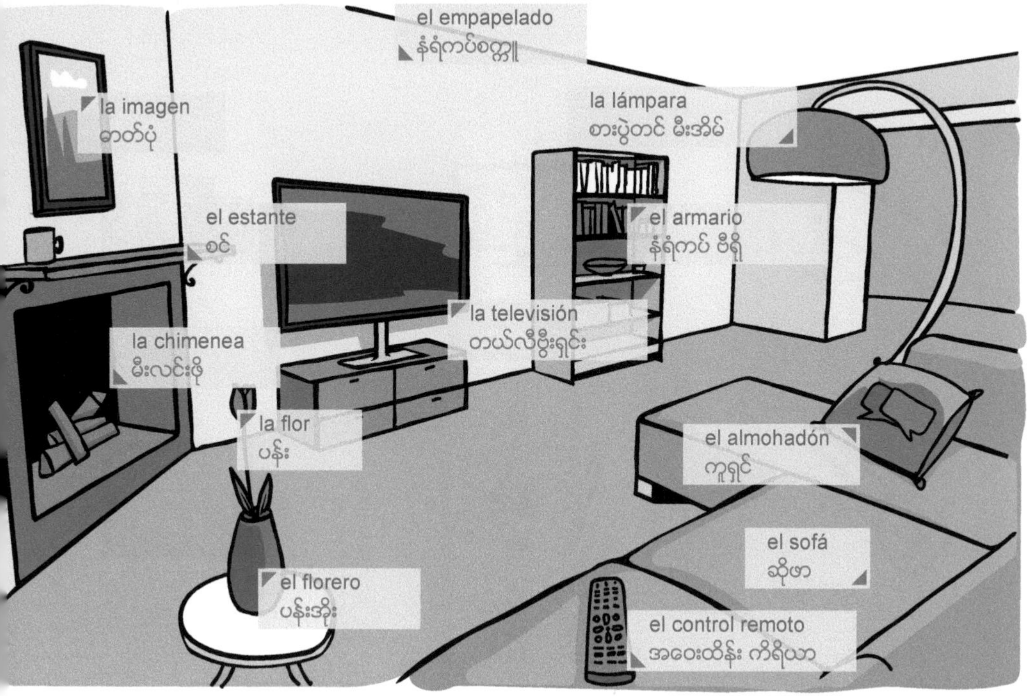

el empapelado
နံရံကပ်စက္ကူ။

la imagen
ဓာတ်ပုံ

la lámpara
စားပွဲတင် မီးအိမ်

el estante
စင်

el armario
နံရံကပ် ဗီရို

la chimenea
မီးလင်းဖို

la televisión
တယ်လီဗီးရှင်း

la flor
ပန်း

el almohadón
ကုရှင်

la florero
ပန်းအိုး

el sofá
ဆိုဖာ

el control remoto
အဝေးထိန်း ကိရိယာ

	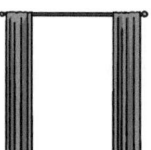	
la alfombra	la cortina	la mesa
ကော်ဖော	ကန့်လန့်ကာ	စားပွဲခုံ သို့မဟုတ် ဇယား

la silla	la mecedora	el sillón
ထိုင်ခုံ	ရှေ့နောက် ယိမ်းနိုင်သည့် ထိုင်ခုံ	လက်တင်ထိုင်ခုံ

el libro

စာအုပ်

la frazada

စောင်

la decoración

အပြင်အဆင်

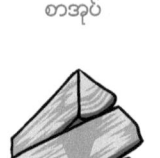

la leña

ထင်း

la película

ဖလင် သို့မဟုတ် ရုပ်ရှင်

el equipo de música

ဟိုင်ဖိုင် ကိရိယာ

la llave

သော့

el diario

သတင်းစာ

la pintura

ပန်းချီကား

el póster

ပိုစတာ

la radio

ရေဒီယို

la radio

la aspiradora

ဖုံစုပ်စက်

el cactus

ရှားစောင်းပင်

la vela

ဖယောင်းတိုင်

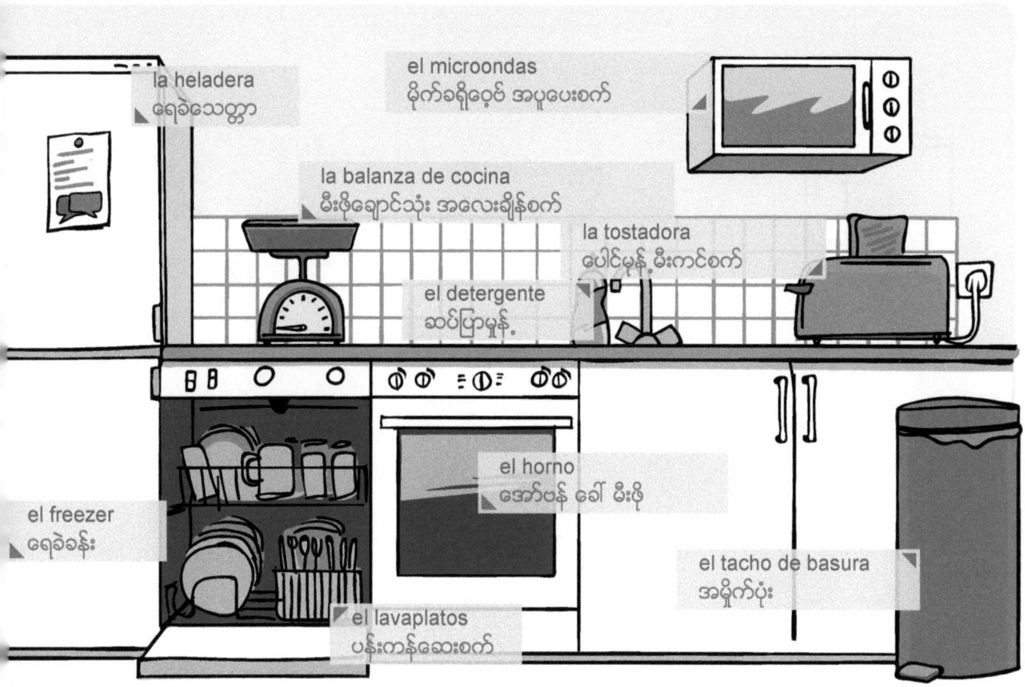

la heladera
ရေခဲသေတ္တာ

el microondas
မိုက်ခရိုဝေ့ဗ် အပူပေးစက်

la balanza de cocina
မီးဖိုချောင်သုံး အလေးချိန်စက်

la tostadora
ပေါင်မုန့် မီးကင်စက်

el detergente
ဆပ်ပြာမှုန့်

el freezer
ရေခဲခန်း

el horno
အော်ဗန် ခေါ် မီးဖို

el tacho de basura
အမှိုက်ပုံး

el lavaplatos
ပန်းကန်ဆေးစက်

la cocina
လျှပ်စစ် ချက်ပြုတ်အိုး

la olla
အိုး

la olla de hierro fundido
သံအိုးကြီး

el wok
ဒမ္မကြော်သည့် ဒယ်အိုးကြီး /
ကာဒိုင်း

la sartén
ဒယ်အိုး

la pava
ရေနွေးတည်သည့်အိုး

la vaporera

ပေါင်းစက်

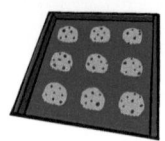

la bandeja de horno

မုန့်ဖုတ်သည့် ပန်း

la vajilla

ကြွေပန်းကန်ပြား ခွက်ယောက်

la taza

မတ်ခွက်

el bol

ဇလုံပန်းကန်

los palitos

အစားစားသည့်တူများ

el cucharón

ယောက်ချို

la espátula

မွှေသည့်အတံ

la batidora

ခေါက်တံ

el colador

စစ်သည့် အရာ

el colador

စကာ

el rallador

ခြစ်သည့်ကိရိယာ

el mortero

ပြုတ်ဆုံ

la parrilla

ဘာဘီကျူးကင်

la fogata

ထင်းမီးဖို

la tabla de picar
စင်းနီးတုံး

el palo de amasar
လည်နေသောပင်

el sacacorchos
ဖော့ဆို့

la lata
သံပုံး

el abrelatas
သံပုံးဖောက်တံ

la manopla
အိုးတင်သည့်အရာ

la pileta
ရေဆေးသည့် နေရာ

el cepillo
စုပ်တံ

la esponja
ရေမြုပ်

la batidora
မွှေသည့်စက်

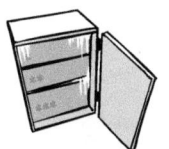

el congelador
အေးခဲသည့် ရေခဲခန်း

la mamadera
ကလေးနို့ပုံး

la canilla
ရေပိုက်ခေါင်း

la cocina - မီးဖိုချောင်   37

el baño

ရေချိုးခန်း

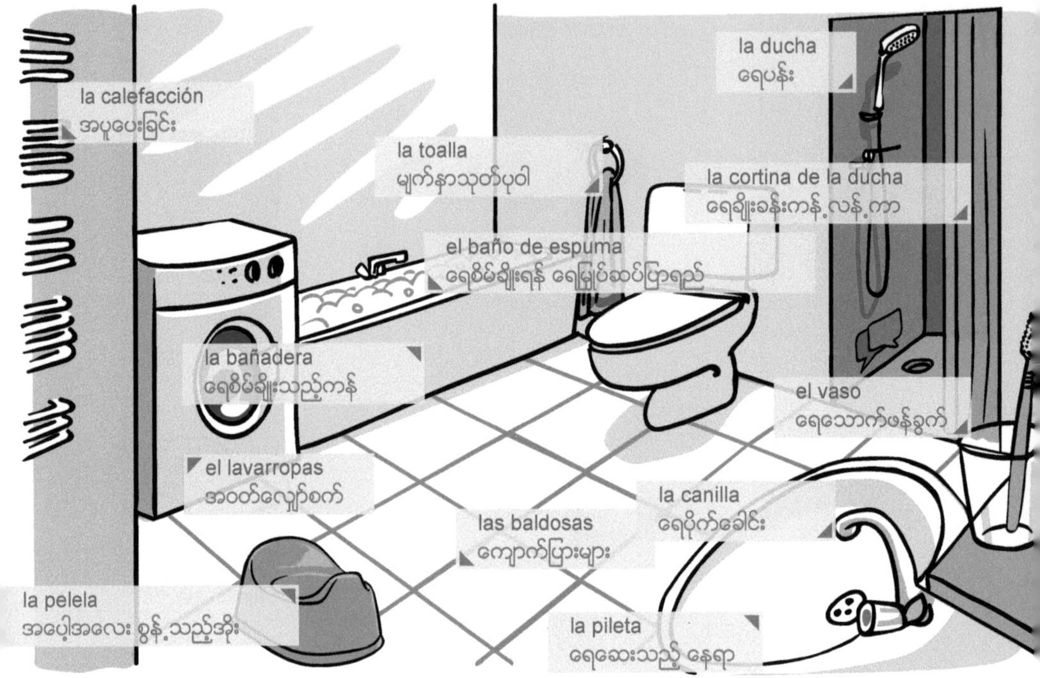

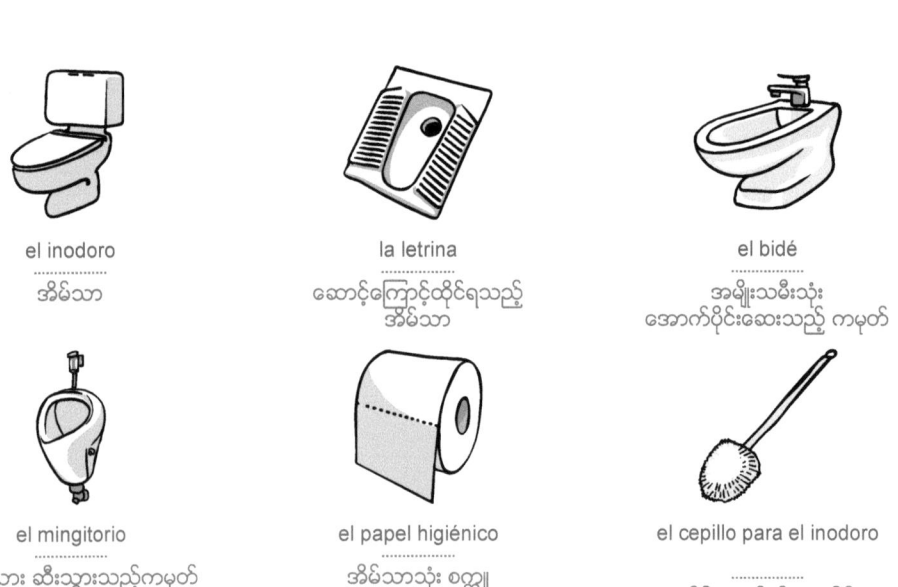

la ducha
ရေပန်း

la calefacción
အပူပေးခြင်း

la toalla
မျက်နှာသုတ်ပုဝါ

la cortina de la ducha
ရေချိုးခန်းကန့် လန့်ကာ

el baño de espuma
ရေစိမ်ချိုးရန် ရေမြှုပ်ဆပ်ပြာရည်

la bañadera
ရေမိချိုးသည့်ကန်

el vaso
ရေသောက်ဖန်ခွက်

el lavarropas
အဝတ်လျှော်စက်

la canilla
ရေပိုက်ခေါင်း

las baldosas
ကျောက်ပြားများ

la pelela
အပေါ့အလေး စွန့်သည့်အိုး

la pileta
ရေဆေးသည့် နေရာ

el inodoro
အိမ်သာ

la letrina
ဆောင့်ကြောင့်ထိုင်ရသည့်
အိမ်သာ

el bidé
အမျိုးသမီးသုံး
အောက်ပိုင်းဆေးသည့် ကမုတ်

el mingitorio
အမျိုးသား ဆီးသွားသည့်ကမုတ်

el papel higiénico
အိမ်သာသုံး စက္ကူ

el cepillo para el inodoro

အိမ်သာတိုက် ဘရပ်ရှ်

38

el baño - ရေချိုးခန်း

el cepillo de dientes

သွားတိုက်တံ

el dentífrico

သွားတိုက်ဆေး

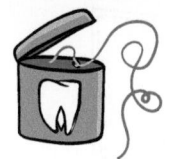

el hilo dental

သွား ချေးထုတ်သည့် ကြိုး

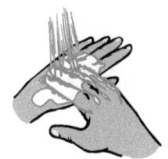

lavar

ဆေးကြောသည်

la ducha de mano

လက်ကိုင် ရေပန်း

la ducha higiénica

ရေပန်းဖြင့်ရေချိုးခြင်း

la palangana

ရေအင်တုံ

el cepillo para la espalda

နောက်ကျော ချေးတွန်းသည့် ဘရပ်ရှ်

el jabón

ဆပ်ပြာ

el gel de ducha

ရေချိုးဆပ်ပြာရည်

el shampoo

ခေါင်းလျှော်ရည်

la toallita

ဖဝါဖန်ယ်စ

el desagüe

ရေထွက်ပေါက်

la crema

ခရင်မ်

el desodorante

ဒီအော်ဒရန့် ခေါ်
ကိုယ်လိမ်းအမွှေးနံ့သာ

el baño - ရေချိုးခန်း   39

el espejo

မှန်

el espejito

လက်ကိုင်မှန်

la maquinita de afeitar

မုတ်ဆိတ်ရိတ်တံ

la espuma de afeitar

မုတ်ဆိတ်ရိတ်ရန် အမြုပ်

el aftershave

မုတ်ဆိတ်ရိတ်ပြီး
လိမ်းသည့်အမွေးနံ့သာ

el peine

ခေါင်းဘီး

el cepillo

ဘရပ်ရှ်

el secador de pelo

ဆံပင်ခြောက်စက်

el spray

ဆံပင်ဖြန်းဆေး

el maquillaje

မိတ်ကပ်

el lápiz de labios

နှုတ်ခမ်းဆိုးဆေး

el esmalte para uñas

လက်သည်းဆိုးဆေး

el algodón

ဂွမ်းလုံး

la tijera para uñas

လက်သည်းညှပ် ကပ်ကြေး

el perfume

ရေမွှေး

40   el baño - ရေချိုးခန်း

el portacosméticos

ရေချိုးခန်းသုံး အိတ်

la banqueta

ခွေးခြေ

la balanza

ကိုယ်အလေးချိန်တိုင်းသည့်စက်

la bata

ရေချိုးပြီး ဝတ်သည့်ဝတ်ရုံ

los guantes de goma

ရာဘာ လက်အိတ်များ

el tampón

တန်ပွန် ခေါ် ဓမ္မတာလာစဉ် မိန်း
မကိုယ်တွင်းထည့်သည့်အရာ

la toallita femenina

အမျိုးသမီး လစဉ်သုံးပုဝါစ

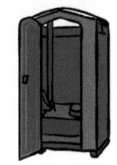

el baño químico

ဓာတုပစ္စည်းထည့်သုံးသည့်
အိမ်သာ

el baño - ရေချိုးခန်း 41

el cuarto de los chicos
ကလေး အခန်း

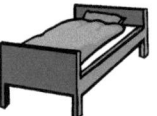

el despertador
နိုးစက်
el peluche
ဖက်အိပ်သည့်အရုပ်
el coche de juguete
အရုပ်ကား
el sonajero
ခလောက်
la casa de muñecas
အရုပ်မအိမ်
el regalo
လက်ဆောင်

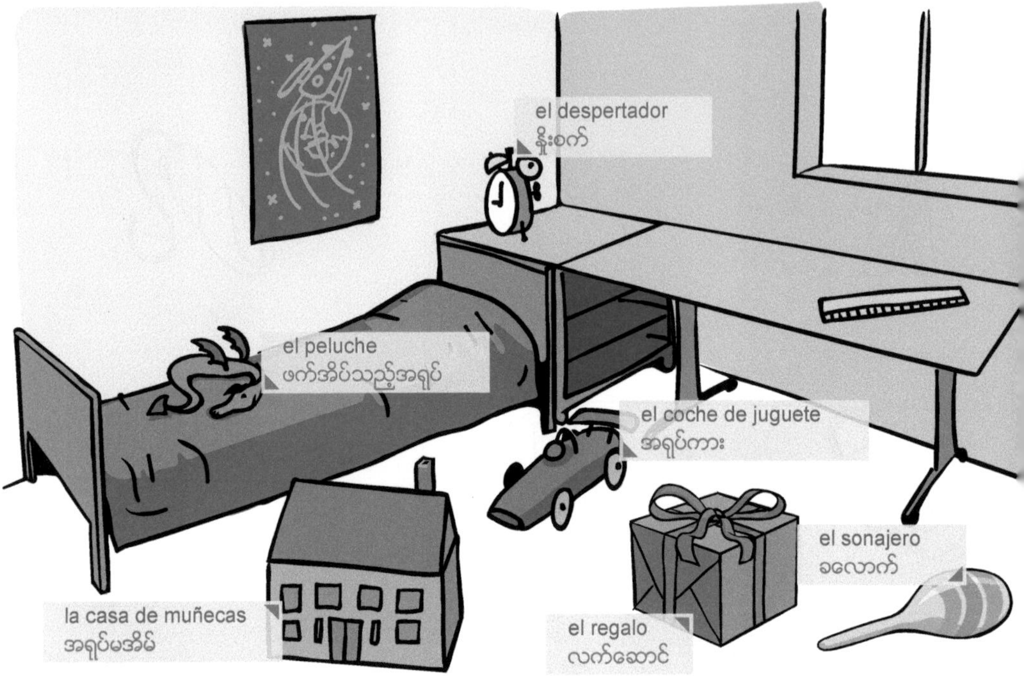

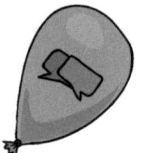

el globo
ပူဖောင်း

la cama
အိပ်ယာ

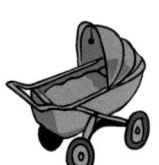

el cochecito
ကလေးတွန်းလှည်း

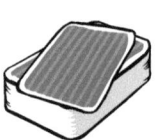

las cartas
ကစားသည့်ကတ်ထုပ်

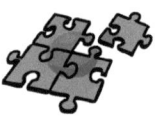

el rompecabezas
ဂျစ်ဆော ခေါ်
ဆက်၍ကစားသည့်
အပိုင်းအစများ

SUPER
MEGA

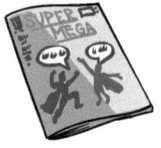

la historieta
ရုပ်ပြစာအုပ်

las piezas de lego
ဆောက်ရွှေ့ကစားသည့် လေဂို အတုံးများ

los ladrillos de juguete
ဆောက်ရွှေ့ကစားသည့် အတုံးများ

la figura de acción
လှုပ်ရှားလှုပ်ကိုင်သူ

  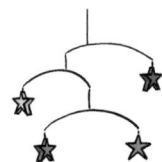

el enterito (de bebé)
ဘောဒီဂရီး

el frisbee
ဖရစ်ဘီး ခေါ် ပစ်၍ ကစားသည့် အပြား

el móvil para bebés
ရွှေ့လျားနိုင်သော

el juego de mesa
ဘုတ်ပြားပေါ်တွင် ကစားနည်း

los dados
အံစာတုံး

el tren eléctrico
ကစားစရာ ရထား အစုံမော်ဒယ်

el chupete
အရုပ်

la fiesta
ပါတီ

el libro de cuentos ilustrado

ရုပ်ပြစာအုပ်

la pelota
ဘောလုံး

la muñeca
အရုပ်မ

jugar
ကစားသည်

el cuarto de los chicos - ကလေး အခန်း   43

el arenero

ကစားသည့် သဲပုံး

la hamaca

ဒန်း

los juguetes

အရုပ်များ

la consola de videojuegos

ဗွီဒီယိုဂိမ်းကစားသည့် စက်

el triciclo

သုံးဘီး စက်ဘီး

el osito de peluche

တက်ဒီ ဝက်ဝံရုပ်

el armario

အဝတ်ဗီရို

la ropa
အဝတ်အစား

las medias

ခြေအိတ်များ

las medias panty

အမျိုးသမီးဝတ် ခြေအိတ်ရှည်

las calzas

အမျိုးသမီး ခြေအိတ်အကြပ်

la bufanda
ပုဝါ

el paraguas
ထီး

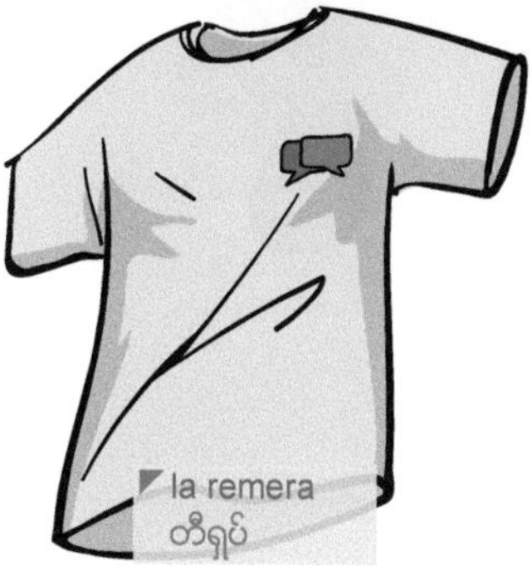

la remera
တီရှပ်

el cinturón
ခါးပတ်

las botas
ဘွတ်ဖိနပ်များ

las pantuflas
ခြေညှပ်ဖိနပ်များ

las zapatillas
အားကစားဖိနပ်များ

las sandalias
ခြေစွပ် နောက်ပိတ်ဖိနပ်

los zapatos
ရှူးဖိနပ်များ

las botas de goma
ရာဘာ ဘွတ်ဖိနပ်များ

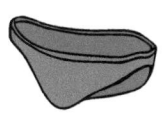

la ropa interior
အောက်ခံ အဝတ်များ

el corpiño
ဘရာဇီယာ

el chaleco
အပေါ်ထပ် လက်ပြတ်အကျီ

la ropa - အဝတ်အစား

45

el body

ကိုယ်ခန္ဓာ

los pantalones

ဘောင်းဘီရှည်

los jeans

ဂျင်းဘောင်းဘီ

la pollera

စကပ်

la blusa

ဘလောက်စ်အကျႌ

la camisa

ရှပ်အကျႌ

el pulóver

ခေါင်းစွပ်အကျႌ

el buzo

ခေါင်းစွပ်ပါ အကျႌ

el blazer

ဘလေဇာကုတ်အကျႌ

la campera

ဂျက်ကက်အကျႌ

el tapado

ကုတ်အကျႌ

el piloto

မိုးကာ ကုတ်အကျႌ

el traje

ဝတ်စုံ

el vestido

ဂါဝန်

el vestido de novia

လက်ထပ် ဝတ်စုံ

el traje

အနောက်တိုင်းဝတ်စုံပြည့်

el camisón

ညအိပ်အကျီ

el pijama

ညအိတ်ဝတ်စုံ

el sari

ဆာရီ

el pañuelo para la cabeza

ခေါင်းအုပ်ပုဝါ

el turbante

တာဘန် ခေါ် ခေါင်းပေါင်း

la burka

ဘာကာခေါ်
အမျိုးသမီးခေါင်းအုပ်

el caftán

ကာ့ဖ်တန် ခေါ်
အမျိုးသားဝတ်ဘောင်းဘီ

la abaya

အာဘယာ ခေါ် မွတ်ဆလင်
အမျိုးသမီးဝတ်အကျို

el traje de baño

ရေကူးဝတ်စုံ

el short de baño

အဝတ်သေတ္တာ

los shorts

ဘောင်းဘီတို

el jogging

အားကစားဝတ်စုံ

el delantal

ခါးစည်း အဝတ်

los guantes

လက်အိတ်များ

la ropa - အဝတ်အစား

47

el botón

ကြယ်သီး

los anteojos

မျက်မှန်

la pulsera

လက်ကောက်

el collar

လည်ဆွဲ

el anillo

လက်စွပ်

el aro

နားကပ်

la gorra

ခေါင်းဆောင်း ဦးထုပ်

la percha

ကုတ်အကျႍ ချိတ်

el sombrero

ဦးထုပ်

la corbata

နက်တိုင်

el cierre

ဇစ်

el casco

ဟဲလ်မက်ခေါ် ခေါင်းဆောင်း

los tiradores

သွားထိန်းများ

el uniforme escolar

ကျောင်းဝတ်စုံ

el uniforme

ယူနီဖောင်းဝတ်စုံ

el babero

သွားရည်ခံ

el chupete

အရုပ်

el pañal

ကလေးအနှီး

la oficina
ရုံးခန်း

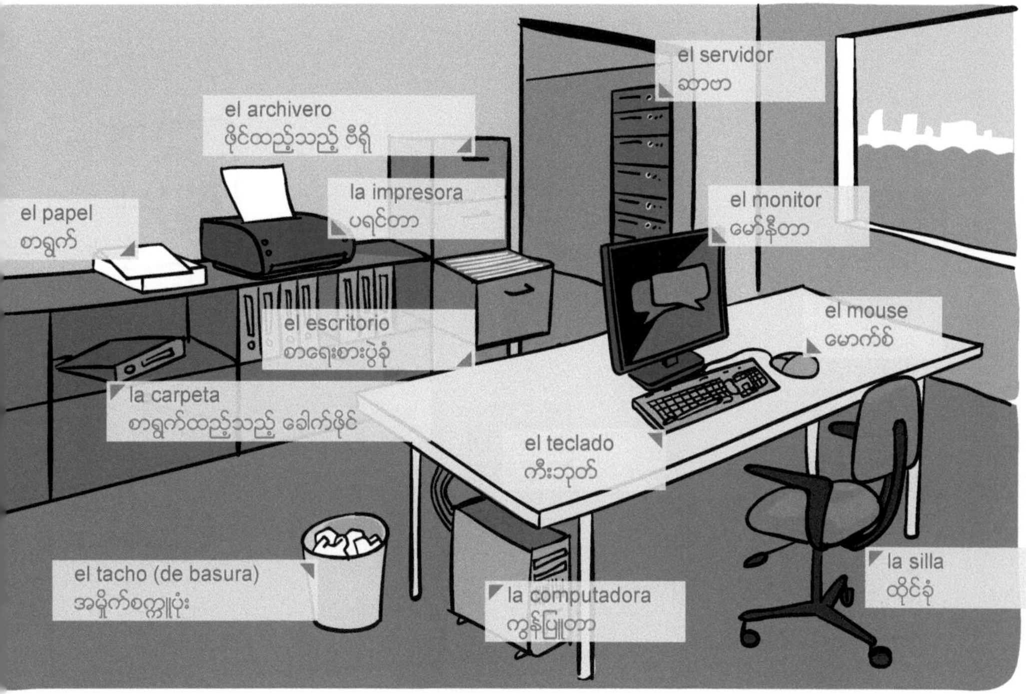

el servidor
ဆာဗာ

el archivero
ဖိုင်ထည့်သည့် ဗီရို

la impresora
ပရင်တာ

el monitor
မော်နီတာ

el papel
စာရွက်

el escritorio
စာရေးစားပွဲခုံ

el mouse
မောက်စ်

la carpeta
စာရွက်ထည့်သည့် ခေါက်ဖိုင်

el teclado
ကီးဘုတ်

el tacho (de basura)
အမှိုက်စက္ကူပုံး

la computadora
ကွန်ပြူတာ

la silla
ထိုင်ခုံ

la taza de café

ကော်ဖီ မတ်ခွက်

la calculadora

ဂဏန်းတွက်စက်

el internet

အင်တာနက်

la oficina - ရုံးခန်း   49

la laptop

ပေါင်ပေါ်တင်ရိုက်နိုင်သည့်
ကွန်ပျူတာ

la carta

စာ

el mensaje

မက်ဆေ့ချ်

el celular

မိုဘိုင်းဖုန်း

la red

ကွန်ရက်

la fotocopiadora

မိတ္တူကူးစက်

el software

ဆော့ဖ်ဝဲရ်

el teléfono

တယ်လီဖုန်း

el tomacorriente

ပလပ်ပေါက်

el fax

ဖက်စ်ပို့သည့်စက်

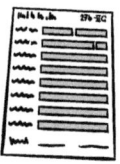

el formulario

ပုံစံ

el documento

စာရွက်စာတမ်း

50   la oficina - ရုံးခန်း

comprar

ဝယ်ယူသည်

pagar

ပေးအပ်သည်

hacer negocios

ကုန်သွယ်သည်

el dinero

ပိုက်ဆံ

el dólar

ဒေါ်လာ

el euro

ယူရိုငွေ

el yen

ယန်းငွေ

el rublo

ရူဘယ်ငွေ

el franco suizo

ဆွစ်ဇာလန်နိုင်ငံသုံးငွေ

el yuan

ရမ်မင်ဘီ ယွမ်

la rupia

ရူပီး

el cajero automático

ငွေချေသည့်နေရာ

la casa de cambio

ငွေလဲလှာန

el oro

ရွှေ

la plata

ငွေ

el petróleo

ဆီ

la energía

စွမ်းအင်

el precio

ဈေးနှုန်း

el contrato

စာချုပ်

el impuesto

အခွန်

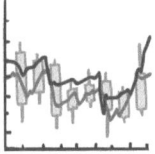

la acción

စတော့ဈေးကွက်

trabajar

အလုပ်လုပ်သည်

el empleado

ဝန်ထမ်း

el empleador

အလုပ်ရှင်

la fábrica

စက်ရုံ

el negocio

ဆိုင်

el policía
ရဲအရာရှိ

el bombero
မီးသတ်သမား

el cocinero
စားဖိုမှူး

el médico
ဆရာဝန်

el piloto
ပိုင်းလော့

el jardinero
မာလီ

el carpintero
လက်သမား

la modista
စက်ချုပ်သူ

el juez
တရားသူကြီး

el farmacéutico
ဒာတုဗေဒပညာရှင်

el actor
သရုပ်ဆောင်

el colectivero

ဘတ်စ်ကားမောင်းသမား

el taxista

တက်စီမောင်းသူ

el pescador

ငါးဖမ်းသမား

la mucama

သန့်ရှင်းရေး အလုပ်သမ

el techista

အမိုးပြင်သူ

el mozo

စားပွဲထိုး

el cazador

အမဲလိုက်မုဆိုး

el pintor

ဆေးသုတ်သမား သို့မဟုတ်
ပန်းချီဆရာ

el panadero

မုန့်ဖုတ်သမား

el electricista

လျပ်စစ်ပညာရှင်

el albañil

ဆောက်လုပ်ရေးသမား

el ingeniero

အင်ဂျင်နီယာ

el carnicero

သားသတ်သမား

el plomero

ပိုက်ဆက်ဆရာ

el cartero

စာပို့သမား

el soldado

စစ်သား

el arquitecto

ဗိသုကာပညာရှင်

el cajero

ငွေကိုင်

el florista

ပန်းပညာရှင်

el peluquero

ဆံပင်အလှပြင်သူ

el cobrador

လက်မှတ်စစ်

el mecánico

စက်ပြင်ဆရာ

el capitán

ကပ္ပိတန်

el dentista

သွားဘက်ဆိုင်ရာ ဆရာဝန်

el científico

သိပ္ပံပညာရှင်

el rabino

ရာဘိုင်

el imán

မွတ်ဆလင် တရားဟောဆရာ

el monje

ဘုန်းကြီး

el sacerdote

တရားဟောဆရာ

las ocupaciones - အလုပ်အကိုင်များ   55

las herramientas
ကိရိယာ တန်ဆာပလာများ

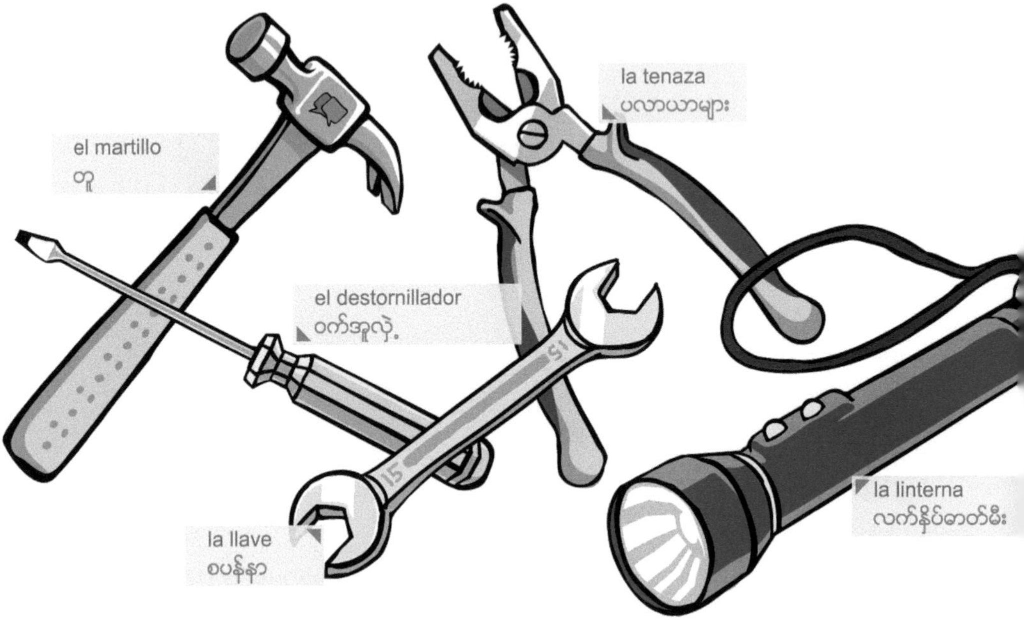

el martillo
တူ

la tenaza
ပလာယာများ

el destornillador
ဝက်အူလှည့်

la llave
စပန်နာ

la linterna
လက်နှိပ်ဓာတ်မီး

la excavadora
မြေတူးစက်

la caja de herramientas
လက်သမားသုံးကိရိယာ
သေတ္တာ

la escalera portátil
လှေကား

la sierra
လွ

los clavos
လက်သည်းများ

el taladro
အပေါက်ဖောက်စက်

arreglar

ပြင်ဆင်သည်

la pala de jardín

ဂေါ်ပြား

¡Qué bronca!

ချီးတဲ့မှပဲ

la pala de plástico

ပုန်ကျိုးသည့် ဂေါ်ပြား

el tacho de pintura

ဆေးရောင်အိုး

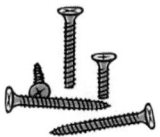

los tornillos

ဝက်အူများ

los instrumentos musicales
ဂီတတူရိယာများ

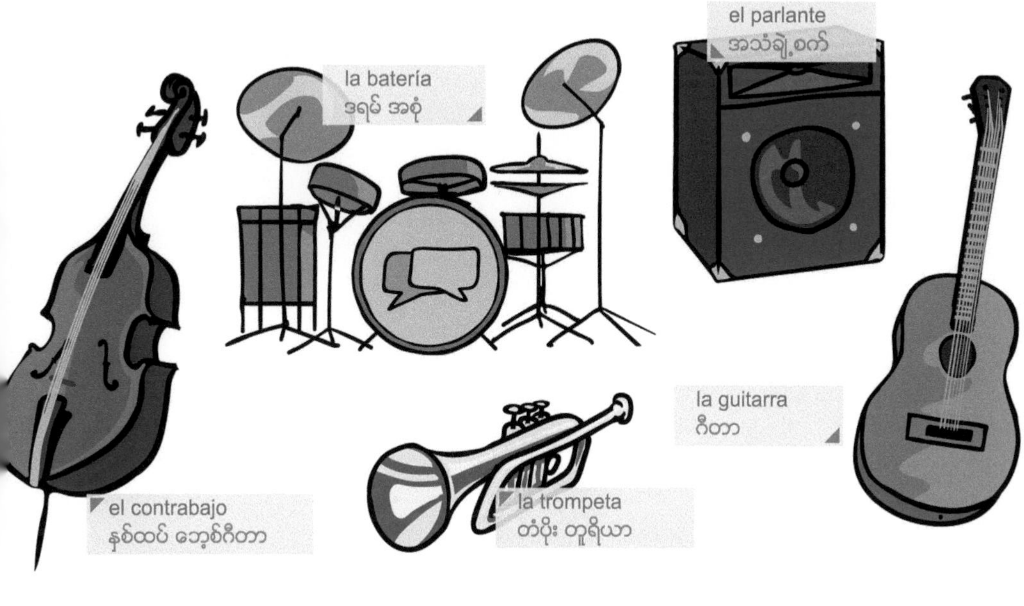

el parlante
အသံချဲ့စက်

la batería
ဒရမ် အစုံ

la guitarra
ဂီတာ

el contrabajo
နှစ်ထပ် ဘော့စ်ဂီတာ

la trompeta
တံပိုး တူရိယာ

el piano

စန္ဒယား

el violín

တယော

el bajo

ဘော့စ်ဂီတာ

los timbales

နားစည်အမြှေးပါး

el tambor

ဒရမ်များ

el teclado

ကီးဘုတ် တူရိယာ

el saxofón

ဆက်ဆိုဖုန်း ခေါ်
လေမှုတ်တူရိယာ

la flauta

ပုလွေ

el micrófono

စကားပြောစက်

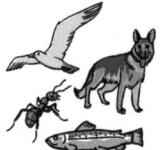

el zoológico
တိရိစ္ဆာန်ရုံ

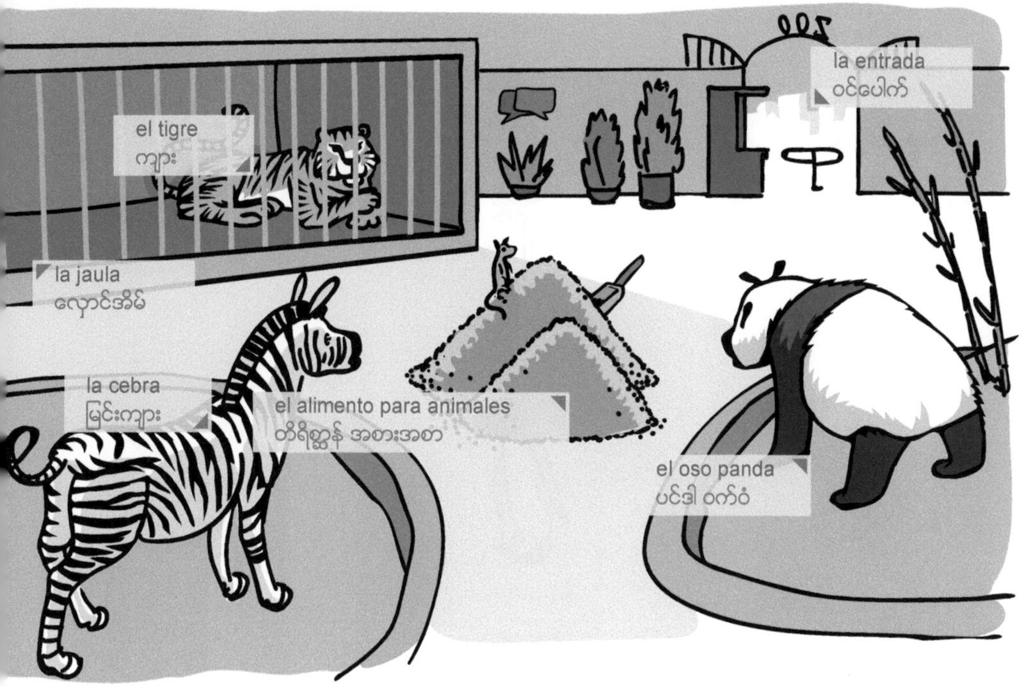
el tigre
ကျား
la entrada
ဝင်ပေါက်
la jaula
လှောင်အိမ်
la cebra
မြင်းကျား
el alimento para animales
တိရိစ္ဆာန် အစားအစာ
el oso panda
ပင်ဒါ ဝက်ဝံ

los animales
တိရိစ္ဆာန်များ

el elefante
ဆင်

el canguro
သားပိုက်ကောင်

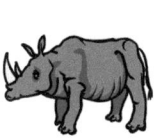

el rinoceronte
ကြံ့

el gorila
ဂေါ်ရီလာမျောက်

el oso
ဝက်ဝံ

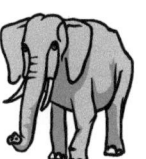

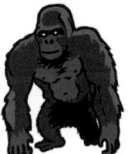

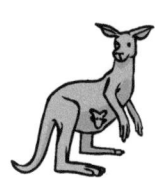

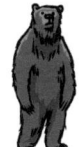

el camello

ကုလားအုတ်

el avestruz

ငှက်ကုလားအုတ်

el león

ခြင်္သေ့

el mono

မျောက်

el flamenco

ဖလန်မင်းဂိုးငှက်

el loro

ကြက်တူရွေး

el oso polar

ဝိုလာဝက်ဝံ

el pingüino

ပင်ဂွင်းငှက်

el tiburón

ငါးမန်း

el pavo real

ဥဒေါင်းငှက်

la serpiente

မြွေ

el cocodrilo

မိကျောင်း

el cuidador del zoológico

တိရိစ္ဆာန်ရုံ ထိန်းသိမ်းသူ

la foca

ဖျံ

el jaguar

ကျားသစ်

60   **el zoológico** - တိရိစ္ဆာန်ရုံ

el poni
ပိုနီမြင်း

el leopardo
ကျားသစ်

el hipopótamo
ရေမြင်း

la jirafa
သစ်ကုလားအုတ်

el águila
သိန်းငှက်

el jabalí
တောဝက်

el pescado
ငါး

la tortuga
လိပ်

la morsa
ပင်လယ်ဖျံကြီး

el zorro
မြေခွေး

la gacela
ဦးချိုပါ သမင်ညိုတစ်မျိုး

los deportes

အားကစားများ

el fútbol americano
အမေရိကန် ဖွတ်ဘော
el ciclismo
စက်ဘီးစီးခြင်း
el tenis
တင်းနစ်ရိုက်ခြင်း
el básquet
ဘတ်စကက်ဘော
la natación
ရေကူးခြင်း
el boxeo
လက်ဝှေ့
el hockey sobre hielo
ရေခဲပြင် ဟော်ကီ

el fútbol

ဘောလုံးကန်ခြင်း

el bádminton

ကြက်တောင်ရိုက်ခြင်း

el atletismo

ကိုယ်လက်လှုပ်ရှား အားကစားများ

el handball

ဟန်းဒ်ဘော ခေါ် လက်ပစ်ဘော

el esquí

နှင်းလျှောစီးခြင်း

el polo

ပိုလို

reír
ရယ်မောသည်

saltar
ခုန်သည်

abrazar
ပွေ့ ဖက်သည်

caminar
လမ်းလျှောက်သည်

cantar
သီချင်းဆိုသည်

soñar
အိပ်မက်သည်

rezar
ဆုတောင်းသည်

besar
နမ်းရှုပ်သည်

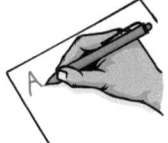

escribir
စာရေးသည်

dibujar
ရေးဆွဲသည်

mostrar
ပြသသည်

presionar
တွန်းသည်

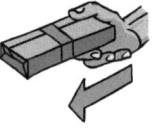

dar
ပေးသည်

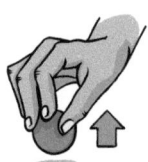

tomar
ယူသည်

tener

ရှိသည်

hacer

ပြုလုပ်သည်

ser

ဖြစ်သည်

estar parado

မတ်တပ်ရပ်သည်

correr

ပြေးသည်

tirar

ဆွဲသည်

tirar

ပစ်သည်

caer

လဲကျသည်

estar acostado

လိမ်လည်သည်

esperar

စောင့်ဆိုင်းသည်

llevar

သယ်ဆောင်သည်

estar sentado

ထိုင်သည်

vestirse

အဝတ်အစားဝတ်သည်

dormir

အိပ်သည်

despertar

အိပ်ယာမှ ထသည်

64 las actividades - လုပ်ရှားမှုများ

mirar

တစ်ခုခုကို ကြည့်ရှုသည်

llorar

ငိုသည်

acariciar

ပွတ်သပ်သည်

peinar

ဘီးဖီးသည်

hablar

စကားပြောသည်

entender

နားလည်သည်

preguntar

မေးသည်

escuchar

နားထောင်သည်

beber

သောက်သည်

comer

စားသည်

ordenar

သပ်ရပ်အောင်လုပ်သည်

amar

ချစ်သည်

cocinar

ချက်ပြုတ်သည်

manejar

မောင်းသည်

volar

ပျံသန်းသည်

navegar

ရွက်လွှင့်သည်

calcular

တွက်ပါ

leer

ဖတ်သည်

aprender

သင်ယူသည်

trabajar

အလုပ်လုပ်သည်

casarse

လက်ထပ်သည်

coser

အပ်ချုပ်သည်

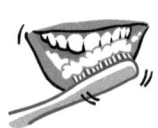

cepillarse los dientes

သွားတိုက်သည်

matar

သတ်သည်

fumar

ဆေးလိပ်သောက်သည်

enviar

ပို့သည်

66   las actividades - လုပ်ရှားမှုများ

la abuela
အဖွား

el abuelo
အဖိုး

el padre
ဖခင်

la madre
မိခင်

el bebé
ကလေး

la hija
သမီး

el hijo
သား

el invitado
ဧည့်သည်

la tía
အဒေါ်

el tío
ဦးလေး

el hermano
အစ်ကို

la hermana
အစ်မ

el cuerpo
ကိုယ်ခန္ဓာ

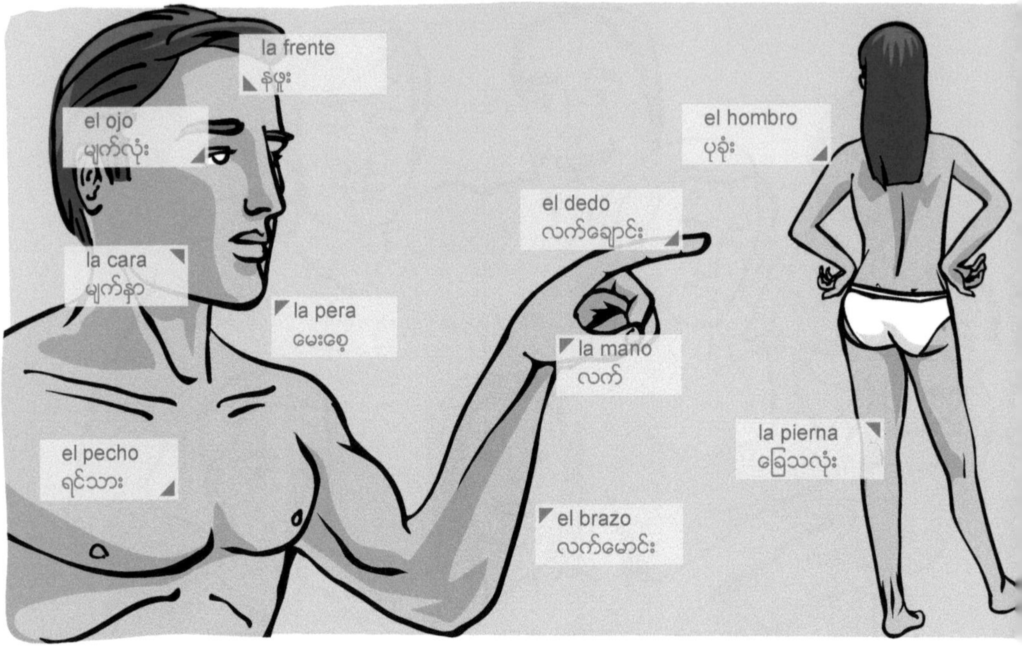

la frente
နဖူး

el ojo
မျက်လုံး

el hombro
ပုခုံး

el dedo
လက်ချောင်း

la cara
မျက်နှာ

la pera
မေးစေ့

la mano
လက်

el pecho
ရင်သား

la pierna
ခြေသလုံး

el brazo
လက်မောင်း

el bebé
ကလေး

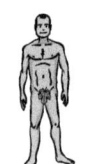

el hombre
ယောက်ျားကြီး

la mujer
အမျိုးသမီးကြီး

la nena
မိန်းကလေး

el nene
ယောက်ျားလေး

la cabeza
ဦးခေါင်း

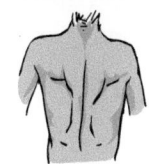

la espalda

နောက်ကျော

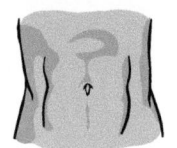

la panza

ဗိုက်

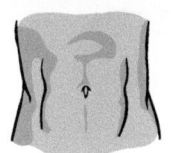

el ombligo

ချက်

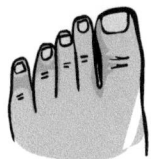

el dedo del pie

ခြေချောင်း

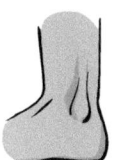

el talón

ဖနောင့်

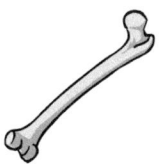

el hueso

အရိုး

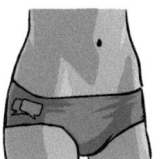

la cadera

တင်ရိုး

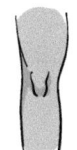

la rodilla

ဒူးခေါင်း

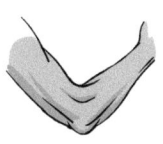

el codo

တံတောင်ဆစ်

la nariz

နှာခေါင်း

la cola

တင်ပါး

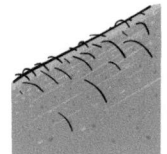

la piel

အရေပြား

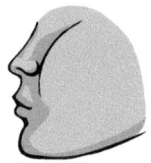

el cachete

ပါးပြင်

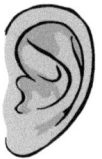

la oreja

နား

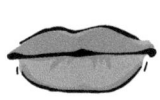

el labio

နှုတ်ခမ်း

la boca

ပါးစပ်

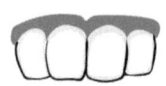

el diente

သွား

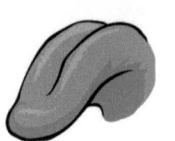

la lengua

လျှာ

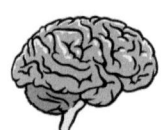

el cerebro

ဦးနှောက်

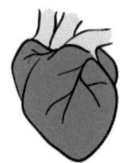

el corazón

နှလုံး

el músculo

ကြွက်သား

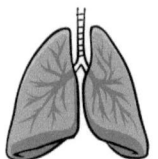

el pulmón

အဆုတ်

el hígado

အသည်း

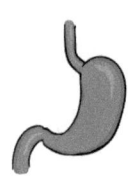

el estómago

အစာအိမ်

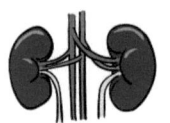

los riñones

ကျောက်ကပ်များ

el sexo

လိင်

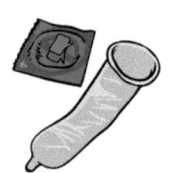

el preservativo

ကွန်ဒုံး

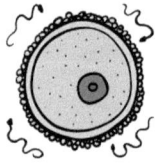

el óvulo

သားဥ

el semen

သုတ်ရည်

el embarazo

ကိုယ်ဝန်

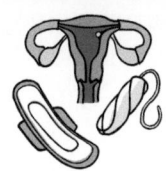

la menstruación

ဓမ္မတာလာခြင်း

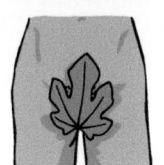

la vagina

မိန်းမကိုယ်

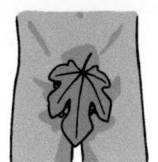

el pene

လိင်တံ

la ceja

မျက်ခုံး

el pelo

ဆံပင်

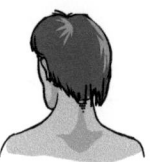

el cuello

လည်ပင်း

el hospital
ဆေးရုံ

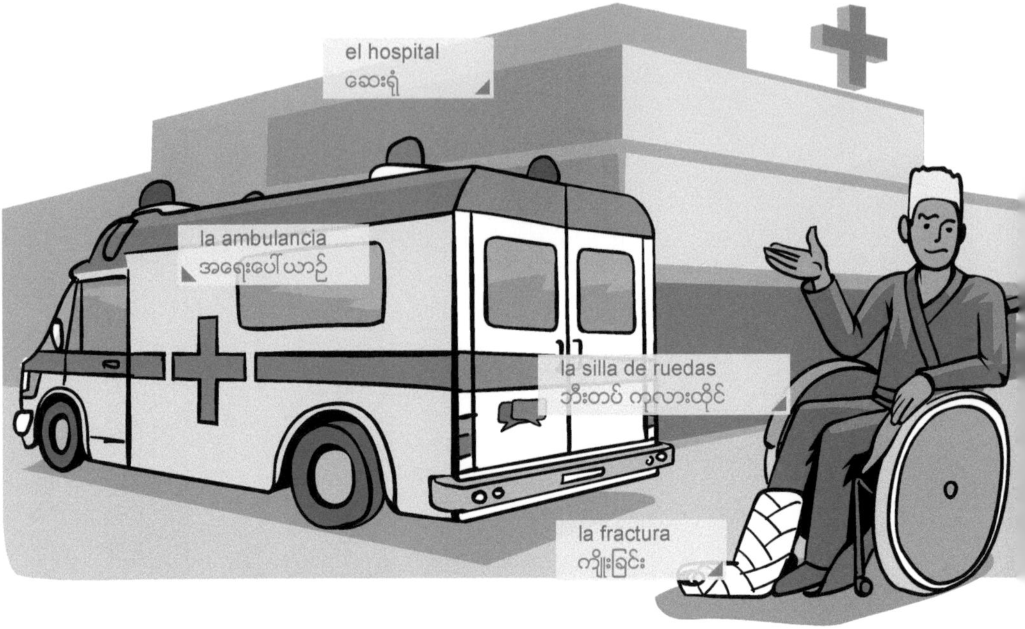

el hospital
ဆေးရုံ

la ambulancia
အရေးပေါ် ယာဉ်

la silla de ruedas
ဘီးတပ် ကုလားထိုင်

la fractura
ကျိုးခြင်း

el médico
ဆရာဝန်

la sala de guardia
အရေးပေါ် ဆေးကုသခန်း

la enfermera
သူနာပြု

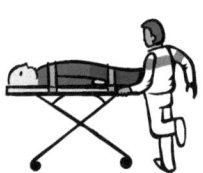

la emergencia
အရေးပေါ်

inconsciente
သတိလစ်ခြင်း

el dolor
နာခြင်း

la lesión

ဒဏ်ရာ

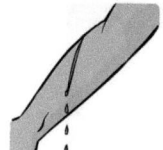

la hemorragia

သွေးယိုထွက်ခြင်း

el infarto

နှလုံးရပ်ခြင်း

el ACV

လေဖြတ်ခြင်း

la alergia

ဓာတ်မတည့်ခြင်း

la tos

ချောင်းဆိုးခြင်း

la fiebre

အဖျား

la gripe

တုပ်ကွေးရောဂါ

la diarrea

ဝမ်းပျက်ဝမ်းလျှောခြင်း

el dolor de cabeza

ခေါင်းကိုက်ခြင်း

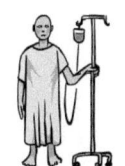

el cáncer

ကင်ဆာရောဂါ

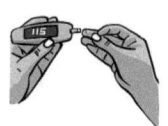

la diabetes

ဆီးချိုရောဂါ

el cirujano

ခွဲစိတ်ဆရာဝန်

el bisturí

ခွဲစိတ်ခန်းသုံးဓါးပါး

la operación

ခွဲစိတ်ခြင်း

la TC

စီတီ

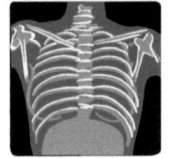

los rayos x

ဓာတ်မှန်

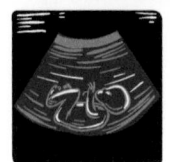

la ecografía

အာထရာဆောင်း

el barbijo

မျက်နှာဖုံး

la enfermedad

ရောဂါ

la sala de espera

စောင့်ဆိုင်းရန် အခန်း

la muleta

ချိုင်းထောက်

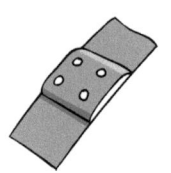

la curita

ပလာစတာ

la venda

ပတ်တီး

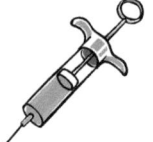

la inyección

ထိုးဆေး

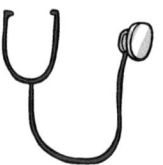

el estetoscopio

နားကြပ်

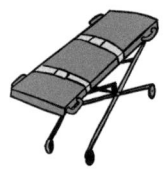

la camilla

လူနာတင်ထမ်းစင်

el termómetro

ကုသရေးပိုင်းသုံး
အပူချိန်တိုင်းသာမိုမီတာ

el nacimiento

မွေးဖွားခြင်း

el sobrepeso

အဝလွန်ခြင်း

el audífono

နားကြားကိရိယာ

el desinfectante

ပိုးသတ်ဆေး

la infección

ရောဂါကူးစက်ခြင်း

el virus

ဗိုင်းရပ်စ်ပိုး

el VIH / SIDA

အိတ်ချ်အိုင်ဗွီ /
အေအိုင်ဒီအက်စ်

el remedio

ဆေးဝါး

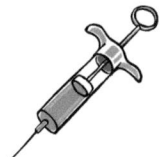

la vacunación

ကာကွယ်ဆေးထိုးခြင်း

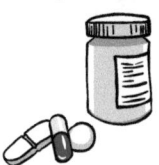

los comprimidos

ဆေးလုံးများ

la pastilla anticonceptiva

ဆေးလုံး

la llamada de emergencia

အရေးပေါ် ဖုန်းခေါ်ဆိုမှု

el tensiómetro

သွေးဖိအား စောင့်ကြည့်သည့်
ကိရိယာ

enfermo / sano

နာမကျန်းသော / ကျန်းမာသော

¡Ayuda!
ကူညီကြပါ။

la alarma
အရေးပေါ် ခေါင်းလောင်း

la agresión
ရိုက်နက်သည်

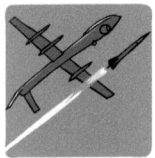

el ataque
တိုက်ခိုက်သည်

el peligro
အန္တရာယ်

la salida de emergencia
အရေးပေါ် ထွက်ပေါက်

¡Fuego!
မီး။

el matafuego
မီးသတ်ဘူး

el accidente
မတော်တဆဖြစ်ရပ်

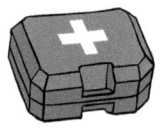

el botiquín de primeros auxilios
ကြက်ခြေနီ ဆေးပုံး

el SOS
အက်စ်အိုအက်စ်

la policía
ရဲ

Europa

ဥရောပတိုက်

América del Norte

မြောက်အမေရိကတိုက်

América del Sur

တောင်အမေရိကတိုက်

África

အာဖရိကတိုက်

Asia

အာရှတိုက်

Australia

သြစတြေးလျတိုက်

el Atlántico

အတ္တလန္တိတ် သမုဒ္ဒရာ

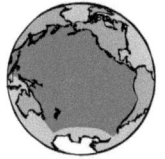

el Pacífico

ပစိဖိတ် သမုဒ္ဒရာ

el Océano Índico

အိန္ဒိယ သမုဒ္ဒရာ

el Océano Antártico

အန္တာတိတ် သမုဒ္ဒရာ

el Océano Ártico

အာတိတ် သမုဒ္ဒရာ

el polo norte

မြောက်ဝင်ရိုးစွန်း

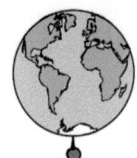

el polo sur

တောင်ဝင်ရိုးစွန်း

la Antártida

အန္တာတိကတိုက်

la Tierra

ကမ္ဘာမြေကြီး

la tierra

ကုန်းမြေ

el mar

ပင်လယ်

la isla

ကျွန်း

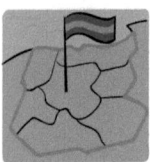

la nación

နိုင်ငံကူးလက်မှတ်

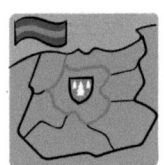

el estado

ပြည်နယ်

la esfera

နာရီမျက်နှာပြင်

la manecilla de las horas

နာရီလက်တံ

el minutero

မိနစ်လက်တံ

el segundero

ဒုတိယလက်တံ

¿Qué hora es?

ဘယ်အချိန်ရှိပြီလဲ။

el día

ရက်

la hora

အချိန်

ahora

ယခု

el reloj digital

ဒစ်ဂျစ်တယ် လက်ပတ်နာရီ

el minuto

မိနစ်

la hora

နာရီ

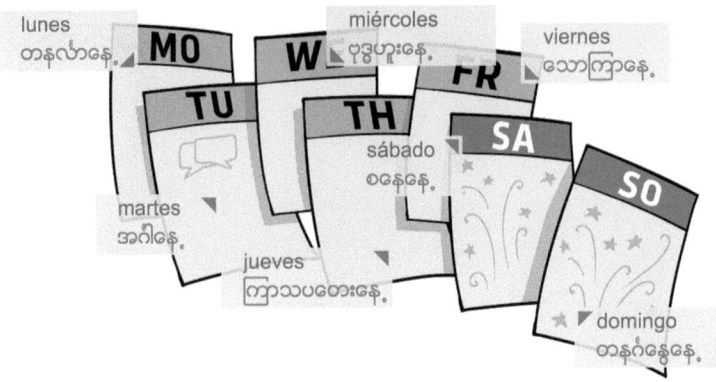

lunes
တနင်္လာနေ့.

miércoles
ဗုဒ္ဓဟူးနေ့.

viernes
သောကြာနေ့.

martes
အင်္ဂါနေ့.

jueves
ကြာသပတေးနေ့.

sábado
စနေနေ့.

domingo
တနင်္ဂနွေနေ့.

ayer

မနေ့က

hoy

ယနေ့

mañana

မနက်ဖြန်

la mañana

မနက်

el mediodía

နေ့လည်

la tarde

ညနေ

los días hábiles

အလုပ်လုပ်ရက်များ

el fin de semana

စနေ တနင်္ဂနွေ အားလပ်ရက်

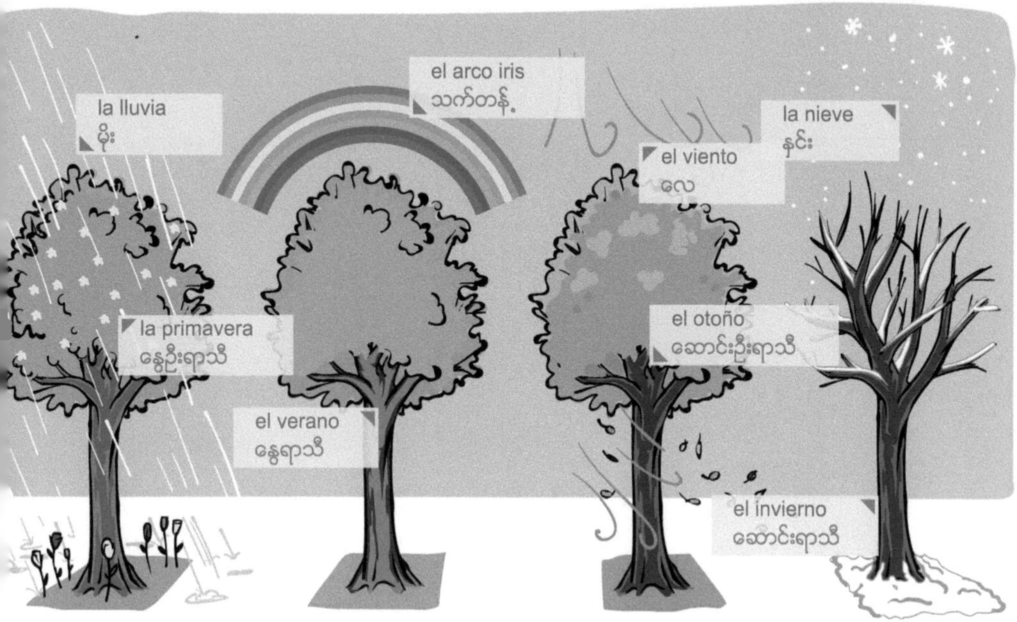

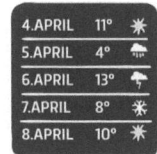

el arco iris
သက်တန့်
la lluvia
မိုး
la nieve
နှင်း
el viento
လေ
la primavera
နွေဦးရာသီ
el otoño
ဆောင်းဦးရာသီ
el verano
နွေရာသီ
el invierno
ဆောင်းရာသီ

4.APRIL 11°
5.APRIL 4°
6.APRIL 13°
7.APRIL 8°
8.APRIL 10°

pronóstico meteorológico

လေဝသ ကြိုတင်ခန့်မှန်းချက်

F
C
120
90
60
30
0
-30
40
30
20
10
0
-10
-20

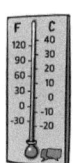

el termómetro

အပူချိန်တိုင်း ကိရိယာ

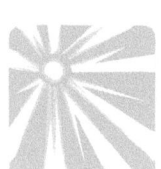

la luz del sol

နေရောင်ခြည်

la nube

တိမ်

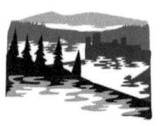

la niebla

မြူ

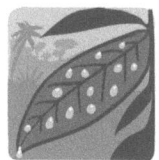

la humedad

စိုထိုင်းဆ

el rayo

လျှပ်စီးလက်ခြင်း

el trueno

မိုးကြိုး

la tormenta

မုန်တိုင်း

el granizo

မိုးသီး

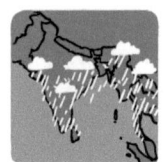

el monzón

မိုးရာသီ

la inundación

ရေကြီးခြင်း

el hielo

ရေခဲ

enero

ဇန်နဝါရီလ

febrero

ဖေဖော်ဝါရီလ

marzo

မတ်လ

abril

ဧပြီလ

mayo

မေလ

junio

ဇွန်လ

julio

ဇူလိုင်လ

agosto

သြဂုတ်လ

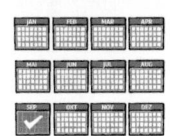

septiembre

စက်တင်ဘာလ

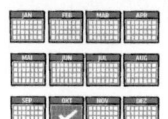

octubre

အောက်တိုဘာလ

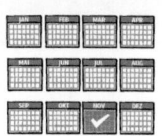

noviembre

နိုဝင်ဘာလ

diciembre

ဒီဇင်ဘာလ

las formas
ပုံစံများ

el círculo

စက်ဝိုင်း

el cuadrado

စတုရန်း

el rectángulo

ထောင့်မှန်စတုဂံ

el triángulo

တြိဂံ

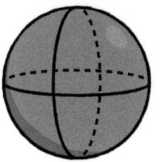

la esfera

စက်ဝန်း

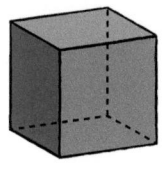

el cubo

အတုံး

blanco

အဖြူရောင်

amarillo

အဝါရောင်

naranja

လိမ္မော်ရောင်

rosa

ပန်းရောင်

rojo

အနီရောင်

violeta

ခရမ်းရောင်

azul

အပြာရောင်

verde

အစိမ်းရောင်

marrón

အညိုရောင်

gris

မီးခိုးရောင်

negro

အနက်ရောင်

mucho / poco

အများအပြား / အနည်းငယ်

enojado / tranquilo

စိတ်ဆိုးသော /
စိတ်တည်ငြိမ်သော

lindo / feo

လှပသော / ရုပ်ဆိုးသော

el principio / el fin

အစ / အဆုံး

grande / chico

အကြီးသော / အငယ်

claro / oscuro

တောက်ပသော / မှောင်မဲသော

el hermano / la hermana

ညီအစ်ကို / ညီအစ်မ

limpio / sucio

သန့်ရှင်းသော / ညစ်ပတ်သော

completo / incompleto

ပြည့်စုံသော / မပြည့်စုံသော

el día / la noche

နေ့ / ည

muerto / vivo

သေသော / ရှင်သော

ancho / angosto

ကျယ်သော / ကျဉ်းသော

comestible / no comestible

စားသုံးနိုင်သော /
မစားသုံးနိုင်သော

malo / amable

စိတ်ယုတ်သော / ကြင်နာသော

entusiasmado / aburrido

စိတ်လှုပ်ရှားဖွယ် / ပျင်းရိဖွယ်

gordo / flaco

ဝသော / ပိန်သော

primero / último

ပထမ / နောက်ဆုံးပိတ်

el amigo / el enemigo

မိတ်ဆွေ / ရန်သူ

lleno / vacío

အပြည့် / ဘာမှမရှိ

duro / blando

မာသော / ပျော့သော

pesado / liviano

လေးလံသော / ပေါ့ပါးသော

el hambre / la sed

ဆာလောင်သော / ရေဆာသော

enfermo / sano

နာမကျန်းသော / ကျန်းမာသော

ilegal / legal

တရားမဝင်သော /
တရားဝင်သော

inteligente / estúpido

ဉာဏ်ကောင်းသော /
ထိုင်းသော

izquierda / derecha

ဘယ် / ညာ

cerca / lejos

နီးသော / ဝေးသော

nuevo / usado

အသစ် / အသုံးပြုပြီးသား

nada / algo

ဘာမှမရှိ / တစ်ခုခု

viejo / joven

အသက်ကြီးသော / ငယ်ရွယ်သော

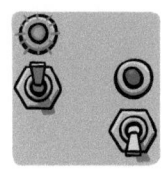

encendido / apagado

ဖွင့်သော / ပိတ်သော

abierto / cerrado

ဖွင့်သော / ပိတ်သော

silencioso / ruidoso

တိတ်ဆိတ် / ကျယ်လောင်

rico / pobre

ချမ်းသာ / ဆင်းရဲ

correcto / incorrecto

အမှန် / အမှား

áspero / suave

ကြမ်းတမ်း / ချောမွေ့

triste / contento

ဝမ်းနည်း / ဝမ်းသာ

corto / largo

အတို / အရှည်

lento / rápido

အနေး / အမြန်

mojado / seco

တ်သော / ခြောက်သွေ့သော

caliente / frío

နွေးထွေးသော / အေးမြသော

guerra / paz

စစ် / ငြိမ်းချမ်းရေး

los números
နံပါတ်များ

0
cero
သုည

1
uno
တစ်

2
dos
နှစ်

3
tres
သုံး

4
cuatro
လေး

5
cinco
ငါး

6
seis
ခြောက်

7
siete
ခုနစ်

8
ocho
ရှစ်

9
nueve
ကိုး

10
diez
တစ်ဆယ်

11
once
ဆယ့်တစ်

12

doce

ဆယ့်နှစ်

13

trece

ဆယ့်သုံး

14

catorce

ဆယ့်လေး

15

quince

ဆယ့်ငါး

16

dieciséis

ဆယ့်ခြောက်

17

diecisiete

ဆယ့်ခုနစ်

18

dieciocho

ဆယ့်ရှစ်

19

diecinueve

ဆယ့်ကိုး

20

veinte

နှစ်ဆယ်

100

cien

ရာ

1.000

mil

ထောင်

1.000.000

el millón

မီလျံ

los idiomas
ဘာသာစကားများ

el inglés

အင်္ဂလိပ် ဘာသာစကား

el inglés americano

အမေရိကန် အင်္ဂလိပ် ဘာသာစကား

el chino mandarín

တရုတ် မန်ဒရင်း ဘာသာစကား

el hindi

ဟိန္ဒူ ဘာသာစကား

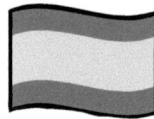

el español

စပိန် ဘာသာစကား

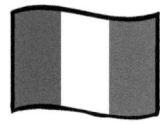

el francés

ပြင်သစ် ဘာသာစကား

el árabe

အာရဗီ ဘာသာစကား

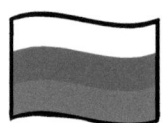

el ruso

ရုရှ ဘာသာစကား

el portugués

ပေါ်တူဂီ ဘာသာစကား

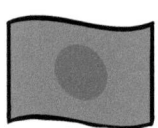

el bengalí

ဘင်္ဂလီ ဘာသာစကား

el alemán

ဂျာမန် ဘာသာစကား

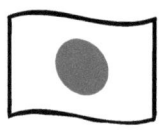

el japonés

ဂျပန် ဘာသာစကား

yo

ကျွန်ုပ်

vos

သင်

él / ella

သူ / သူမ / ၎င်း

nosotros

ကျွန်ုပ်တို့

ustedes

သင်တို့

ellos

သူတို့

¿quién?

ဘယ်သူလဲ။

¿qué?

ဘာလဲ။

¿cómo?

ဘယ်လိုလဲ။

¿dónde?

ဘယ်နေရာလဲ။

¿cuándo?

ဘယ်အချိန်လဲ။

el nombre

အမည်

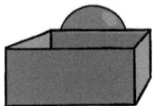

detrás

အနောက်ဖက်

en

အတွင်း

adelante de

အရှေ့ဖက်

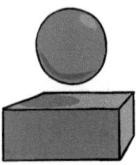

por encima de

အထက်ဖက်

sobre

အပေါ်ဖက်

debajo de

အောက်ဖက်

al lado de

ဘေးဖက်

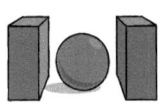

entre

ကြား

el lugar

နေရာ